전주부성 옛길의 기억
전주편애

전 주 부 성 옛 길 의 기 억

전주
편애

신귀백 · 김경미

채륜서

전주부성 시간여행을 시작하며

전주편애

　전주는 전통과 근대, 탈근대가 내면화된 도시다. 그중에서 우리는 성이 헐려 신작로가 되고 다시 팔달로가 놓이고 관통로가 뚫리는 그 시절에 집중하였다. 천년의 시간 속 전통의 공간과 경관은 근대로 달려가면서 불편한 변모를 가져왔다. 거기 기록된 역사는 위대하고 아름답고 은근하며 또한 아픈 것들이 많았다. 연구 과정에서 유적 말고도 일상성이나 생활과 관련된 맥락을 빠뜨리지 않으려 노력했다. 통인들이 진행한 판소리 경연 같은 자료를 보면 양반층의 문화가 감영과의 협조 속에 이루어지는 모습을 볼 수 있었다. 거기 전주 사람들의 수행과 습관이 잡혔다.

　도시 경관은 어색하게 변했지만 내재된 전통문화 요소만큼은 미래구현 가치에 대한 방향성을 읽기에 충분하였다. 그래서 변치 않은 것들에 대해서 주목하였다. 전주는 변화 속에서 지킬 것들을 지키고 많은 것들을 품고 있는 도시였다. 문화적 정체성만큼은 확실히 다른 도시와 달랐다. 이것은 과거지향적 향수병과는 다른 것이다. 그래서 현대적 장르인 영화와 비보이가 커가는 콘텐츠로 전주를 알리고 있는 것이다.

확실히 전주는 콘텐츠가 넘쳐나는 도시다. 그 콘텐츠들이 생겨난 데는 기후에서부터 지리 인문적 환경과 거기 깃든 선조들의 유장한 사고의 흐름이 있을 것이다. 음식문화를 탐사하면서 여인네들의 비손에 감춰진 정성과 솜씨와 맵시를 더 깊이 알게 되었다. 지식기반도시를 가능하게 한 사회적 제도와 한지에서 서화와 완판본으로 이어지는 물적 자산이 하나의 궤를 이루고 있음 또한 깨닫게 되었다. 완판본과 필방과 종이산업 그리고 시인과 묵객들의 이야기는 한 뿌리에서 난 줄기고 가지며 꽃이었다.

융합과 불화

융합의 샘플로 전주비빔밥을 이야기한다. 맞는 말이다. 100년 전 전동성당을 짓기 위해 이 땅에 당도한 중국인들이나, 상업 및 침략의 목적을 갖고 여기 살았던 일본인들과도 전주 사람들은 저항과 화이부동으로 잘 견뎌냈다. 전주의 인심은 피란민들을 받아들이고 또한 영화의 기술과 창작의도를 가진 그들과 한바탕 비벼져 전주 충무로를 연출하기도 했다. 놋그릇 속에 담긴 나물 하나하나를 따로 먹을 때와 달리 이것들이 융합되면서 새로운 맛을 창출한 것이다. 그래서 전주국제영화제는 전국에서 모인 충성도 높은 관객들로 해가 갈수록 켜가 두터워진다.

천주교 순교자들이 정부와 불화하면서 옥에서 들은 풍남문 종소리는 아프지만 세계에 내놓을 콘텐츠다. 전라감영 안에 자리해 그림자를 드리우지 못하는 선화당 회화나무 이야기는 근대와 전통이 부딪힌 흔적이다. 선의가 가득한 선교사와 예수병원이야기, 신흥학교의 3·1운동 저항부분을 여기에 깊이 다루지는 못했지만 서문교회의 역사 안에 잔잔히 녹아 흐르고 있다고 믿는다.

우리는 잘 알려진 사건 말고 숨어있는 예술가의 흔적과 숨어있는 이야기를 찾으려 노력했다. 이상적 스토리텔링으로서 스타나 예술가들의 이야기 뒤를 이어주는 민중들의 미시사를 찾으려 많은 사람들을 만났다. 경기여관에서 고단한 잠을 잔 배우들의 후일담과 생활력이 강한 동네사람들이 전주천에 하얀 이불 빨래를 말린 것들의 상관관계를 밝혀준 분들은 피란민들이었다. 거기 영화배우들과 창극배우들이 걷던 골목이 있었다.

평범한 일상에 트렌드가 숨어 있다면 전주의 골목 역시 전주 사람의 소소한 미시사가 있을 것이다. 모바일의 내면화는 한적한 골목을 다시 찾게 한다. SNS는 위킹쇼핑을 가져오기에 부성안 숨은 골목의 상권도 얼마든지 재탄생이 가능하리라 믿는다. 큰길에 있는 스타벅스보다는 작은 골목에 위치한 정성들인 카페를 발견하고 다른 사람들과 소통하고 싶어 하는 수준 높은 관광객들이 많기에. 전주 부성안 골목에는 꼭 카페가 아니라도 오래된 수선집과 옛날의 전당포 등 찾고 싶은 집들이 숨어있다.

전체는 부분의 합보다 아름답다

　전주라는 전통문화도시의 창의적 인물들이 있다고 할 때, 그는 홀로 독립된 존재가 아니라 이 지역의 풍토와 문화가 빚은 꽃밭임을 잊지 않는다. 심미적 의미 문화로서 문학과 서예를 비롯하여 영화와 판소리 그리고 비보이까지. 하나하나의 장르가 만들어낸 그 총합이 전주이고 전주 문화다. 그래서 아름답다고 스스로 편애하는 것이다. 그런데 그것을 타지 사람들이 인정해준다. 진심 때문이다.

　공간과 시간을 아우르는 작업 속에서 구글링을 통해 이름을 일일이 열거하기 어려운 많은 기록자들이 남긴 글을 검색하고 참고하였다. 구술기록을 남긴 분들, 전주의 문화와 멋을 널리 알리자는 선배들에게 고마운 마음을 느낀다. 다루지 못한 것들이 있다. 소리와 부채 등, 엄연히 살아있으면서 공간성의 범위란 변명으로 이 부분을 살리지 못함을 안타깝게 생각한다.

　그리 크지 않지만 65만 명이 살아가는 문화외연이 넓은 이 도시는 도덕과 품위를 잃지 않는 느긋한 개발로 가야한다고 믿는다. 여기 시도된 전주부성 스토리텔링 작업이 그저 외지인의 호주머니를 터는 스토리셀링의 조급함보다는 조금 시간이 걸려도 진득하게 자존심을 지키면서 이야기의 켜를 쌓아가길 바란다. 이참의 연구가 외지인들에게 잘 보이려는 것보다 전주가 좀 더 살만한 곳이 되는데 이바지 하는 복된 작업이 되었으면 한다.

차 례

전주부성 시간여행을 시작하며　4

●

Ⅰ. 全州府城 : 시간에 묻힌 기록을 꺼내어

여는 글 : 전주성　15

축성과 기록의 달인, 조현명　17

품자형 성곽도시　19

헐리는 성벽과 신작로　22

●

Ⅱ. 北門半徑 : 영화의 거리에서 객사까지

여는 글 : 백 투 더 퓨처　27

모던 스트리트, 걷고 싶은 거리　30

영화스터디, 전주국제영화제　33

지프거리, 영화의 거리　35

시네마천국, 디지털독립영화관　38

극장의 영고성쇠　40

전주의 골목들　47

창극골목　51

배우골목　55

주전부리골목　60

B-Boy 스핀 오디세이　62

한국의 로트렉, 손상기의 전주시대　66

전주의 위엄, 객사　72

Ⅲ. 西門風俗 : 패서문에서 감영까지

여는 글 : 서세동점의 비정성시　81

세 자루의 칼　84

음악가 현제명과 서문교회　89

다이쇼마치의 왜풍　92

이응노 화백의 청년시대　96

전주의 화점, 이창호 국수 생가　102

전주는 중국음식도 맛있다　106

Ⅳ. 府城中心 : 전주의 배꼽자리

여는 글 : 그들만의 화양연화　113

전라감영의 북콘서트　115

선화당 회화나무　118

멋진 당호, 풍락헌　121

전주 미 문화원과 공보관　124

전주의 신작로　127

산업은행을 사자던, 시인 박배엽　132

갤러리, 전주의 오랜 다방들 　138
비빔밥 삼국지 　145

Ⅴ. 南門風景 : 풍남문에서 객사까지

여는 글 : 남문이 전주다 　155
종을 치던 도시 전주, 풍남문 　158
살구꽃 정원과 여걸 허산옥 　162
돈 감옥, 질옥 　168
전주 서권기의 중심, 필방 　173
전주 방짜, 유기장 이종덕 　176
청바지 골목 혹은 고물자골목 　181
음식이 최고, 성불여식 　186
남부시장 레알 뉴 타운, 청년몰 　196
한방페스티벌, 전주약령시 　200

Ⅵ. 東門文化 : 완동문에서 팔달로까지

여는 글 : 꽃피운 문화, 동문예술거리 　205
시크릿 가든, 경기전 　208
참 죽이는 나무, 참죽나무 　214
전주 중앙초 야구부 　219
전주 지식의 텃밭, 동문 서점거리 　224

축탁사서, '천하의 박봉우' 시인   232
유네스코 맥주 창의거리   237
해 뜰 때 장에서 먹는 국밥?   244
선각사, 전북금융조합연합회   250
모자박물관   252
전주 민주화의 거리   255
옥터와 왕버들 한 그루   259
지독한 한지   262

Ⅶ. 風流全州 : 이 어찌 좋지 아니한가

김사인의 〈전주〉   268
정윤천의 〈전주〉   270
문신의 〈전주유람타령〉   271
신귀백의 〈전주막걸리가〉   272

전주부성 시간여행을 마치며   276
이번 여행에 도움을 준 자료   279

全州府城

I

시간에 묻힌 기록을 꺼내어

18세기 전주지도, 보물 제1586호,
서울대학교 규장각 소장

시간에 묻힌 기록을 꺼내어

여는 글

전주성 全州城

'전주성'을 구글링하면 축구팀 '전북현대'의 구장인 전주월드컵경기장의 별칭으로 서두를 장식한다. 다른 축구도시와는 확실히 다른 이름이다. 가야금을 상징하는 열두 줄 케이블이 솟대를 닮은 주기둥과 연결된 데다, 합죽선을 나타내는 지붕은 이곳이 전주성임을 상징한다. 사실 전주성이란 별명은 과거 전북현대 구장으로 사용하던 전주종합경기장이 한옥지붕에 둥근 성문城門 스타일이기에 월드컵 경기 전부터 자연스레 붙여진 이름이다. 이동국을 비롯한 선수들의 경기력 또한 정상급이다.

전주 톨게이트나 전주시청 역시 전통과 현대의 조화를 보여주는 디자인이다. 호남의 수부首府 전주성은 장성이나 산성이 아니라 작고 둥근 평지 읍성이다. 당시로 돌아가 구글 지도에서 본다면 성은 약속 반지와 같이 보이다가 확대하면 비빔밥의 놋그릇으로 보이고, 거기 객사가 노른자처럼 떠 있으리라.

왜구가 문제였다. 려말 왜구들은 1376년 전주를 함락하고, 두해 뒤에는 전주성을 불태웠다. 성과 성문은 야심찬 지도자에 의해서 축성되고 또 자연재해와 전쟁으로 부서지고 개축을 반복한다. 10년 뒤, 최유경崔有慶은 전라감사로 부임해와 붕괴된 전주성을 대대적으로 수축한다. 일본이 또 문제였다. 1597년 정유재란으로 성곽과 성문이 모두 파괴된다. 여기 현명한 지도자 조현명趙顯命이 있다. 경상감사로 재직 중 대구성 축조 건의와 동래읍성 축성을 적극 지원한 후 전라감사로 부임한 조현명은 전주부성을 크게 개축하고, 4대문을 다시 쌓는다. 새로운 방어전략과 왕조의 위엄을 높이기 위해 풍남문을 우아하게 재건하는데, 1734년 완공된 성문에 명견루明見樓란 이름을 붙인 이 공직자는 축성과 기록의 달인이었다.

시간에 묻힌 기록을 꺼내어

축성과 기록의 달인, 조현명

시저와 나폴레옹이 임지에서 부지런히 일기와 편지를 썼듯 조현명은 전주성 축성에 관한 기록인 『축성계초築城啓草』를 남긴다. 축성계획의 절차로 조정에 보낸 문서 속에서 '당 태종과 같은 영웅과 수양제의 병력이 끝내 공을 이루지 못한 것은 성지가 있었기 때문'이라고 지적하면서 성곽축성의 필요성을 강조한다. 영조의 오케이 사인이 나자 조현명은 전주부와 각 읍진에 축성공사에 필요한 철근과 나무, 소요인원을 소상하게 기록 배포한다. 거기다 각종 공정의 절차와 방법, 물적 자원과 비용에 대한 기록은 물론 축성공사를 완료한 후 부하관원들의 포상요청까지 놓치지 않는데. 그래서 이 책은 당시 사회경제사 연구의 중요한 자료로 꼽힌다. 전주의 보물이라 할 만한 책이다.

이 배포 좋은 전라감사는 1734년 1월 10일 부서지고 무너진 성벽의 해체작업을 시작한다. 본격적인 축성공사는 날이 풀리는 4월 1일부터 시작된 것으로 기록에 나타난다. 독불장군은 성을 쌓을 수 없는 법. 연인원 17만여 명이 동원된 축성 공사는 순천, 광주, 담양 등 고을마다 역할을 분담하여 성벽 헐기에서부터 공역진행까지 백성에 대한 배려가 돋보이는 점 역시 칭송할 만하다.

　조현명은 남쪽 성문 안팎을 아치형의 홍예문으로 쌓는다. 성문 위 3층의 문루를 세우고 영조임금의 혜안과 덕을 내세우려는 의미로 '명견루明見樓'라 이름 짓는다. 열정적 공직자 조현명은 임금에 대한 충성의 표시로 3층 다락에 루樓자를 붙인다. 전주의 가장 높은 건물에서 한바탕 비벼보겠다는 의지였을 것이다.

시간에 묻힌 기록을 꺼내어

품品자형 성곽도시

　삼남지방에서 가장 큰 전주성은 관찰사가 통치하는 전라도의 수부首部로 감영과 임금 궐패闕牌를 모시는 객사 등이 품品자 형태로 배치된 계획 도시였다. 중앙에 조정을 두고 동서남북문 앞에는 시장을 두니 바로 정치와 경제다. 그리고 부성 안에서 사회와 문화가 이루어졌다. 전주 성곽 내 주민은 대체로 중산층으로 주로 농업경제 지주들과 양반과 이속, 정규직들이 살았고 비정규직이나 계약직들은 전주천 건너 서학동 부근에 살았다는 이야기가 있다.

　전주우체국을 중심으로 반경 약 500m의 원형을 가진 부성 4대문의 현재 위치는 서문은 구 다가동 파출소 근처, 동문은 동문사거리, 북문은 오거리쯤 된다. 그런데 조현명 감사 때 전주성을 개축한 지 30여 년이 흐른 후, 성 안에 큰 불이 난다. 1767년 전라감사 홍낙인은 3층이던 명견루를 2층으로, 2층이던 서문을 단층으로 조현명 시절보다 조금 작게 복구한 후 한나라 고조의 본향을 뜻하는 '풍패豊沛'에서 한 자씩 따서 각각 풍남문豐南門과 패서문沛西門으로 이름을 바꾼다.

아으, 갑오년에 다시 성이 파괴된다. 황토현 전투에서 승리한 동학농민군 1만여 명은 서문 밖 장터 건너편 용머리고개에 진을 치고 장성 황룡강전투에서 노획한 대환포로 서문을 깨뜨린다. 곧 성문이 열렸고 전봉준은 전라감사의 집무실인 선화당宣化堂을 무혈 접수한다. 승리도 잠깐, 관군과 동학군은 쉼 없는 전투를 치루는 와중에도 청나라와 일본의 전쟁을 막는 일에 골몰하는데. 6월 11일 농민군이 제시한 폐정개혁안을 정부가 수용하는 조건으로 동학농민군은 해산하여 북문을 열고 고향으로 돌아간다.

1872년 전주지도(전주성 부분 발췌), 서울대학교 규장각 소장

헐리는 성벽과 신작로

성곽도시는 정부와 도시의 위엄을 드러내는 상징이었으나 근대에 와서 성은 도시 확장에 장애가 되었다. 위력있는 대포의 출현으로 성을 쌓는 것보다 유지, 보수, 수선에 국고가 낭비되는 것 또한 골칫거리였다. 전주성의 철거는 일제에 의해 저질러진다. 1905년 조선통감부의 '폐성령'이 그것. 동학농민군과의 전쟁에서 성벽은 많은 피해를 입은 데다 도시발달과 도로건설이라는 미명하에 전주의 성곽과 성벽은 철거된다.

일본인 거류지 확보라는 속내와 조선경영이라는 그들의 필요성이 맞아떨어진 것이다. 전주-군산간 소위 신작로가 생기면서 1907년 전주부성의 서쪽 성벽이 먼저 철거되었으며, 1911년에는 동쪽 성벽마저 철거되어 풍남문을 제외하고 성벽과 성문들이 다 길바닥에 눕고 말았다. 그들은 성을 허물어 길을 내고 그것을 발전이라 불렀다. 오호 통재라! 덕분에 군산까지 이어지는 도로는 생겼지만 전주라는 고전도시의 위엄이 사라지게 된다.

北門半徑

II

영화의 거리에서 객사까지

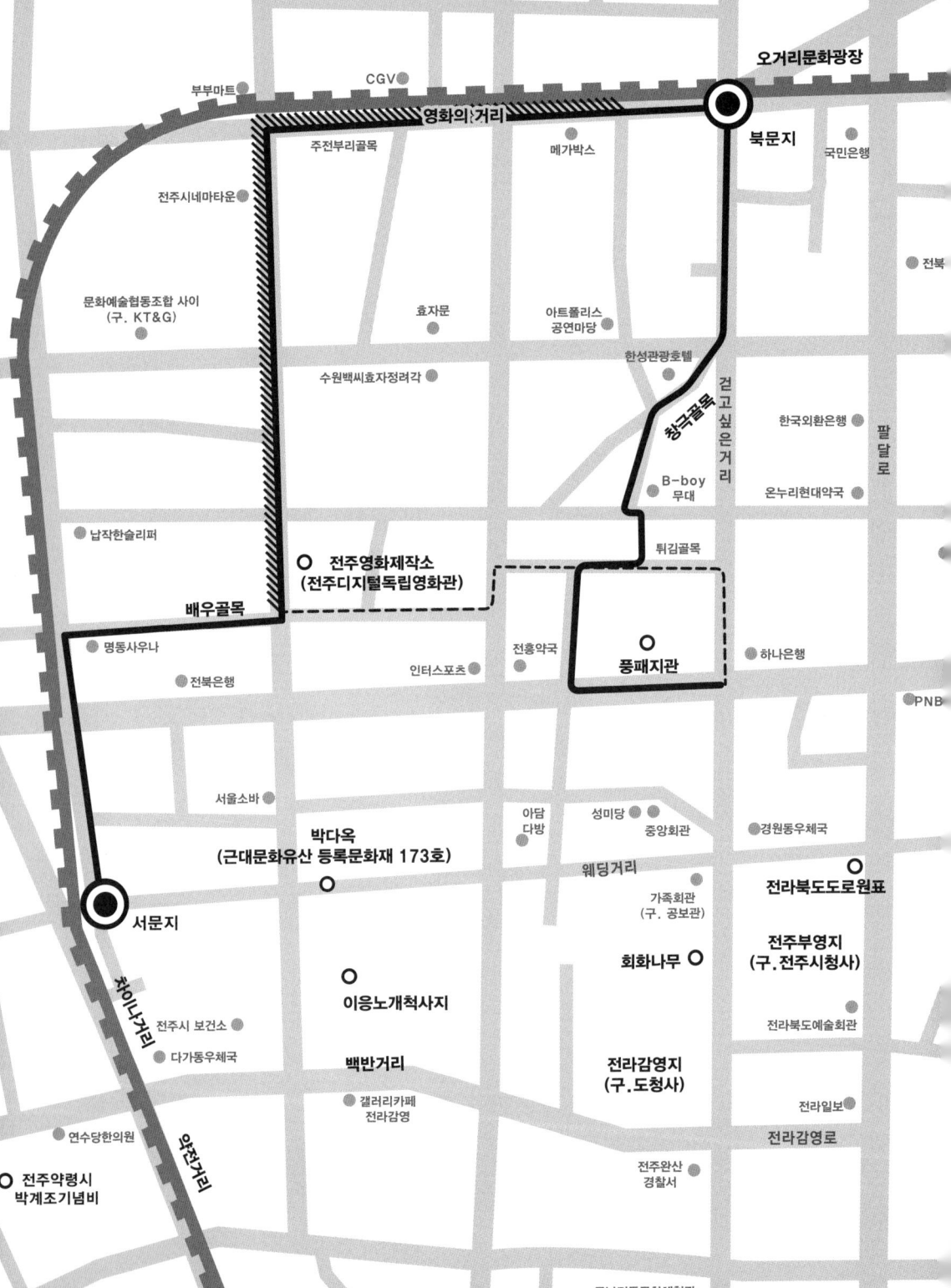

여는 글

백 투 더 퓨처

　　북쪽이다. 북문 자리를 전주 사람들은 '오거리'라 말한다. 시청과 팔달로로 이어지는 길 광장에서 처음 만나는 것은 비보이 그림이다. 전통도시라는데….

　　갑오동학혁명 시, 전주화약이 체결되자 농민군은 전주성 북문을 열고 고향으로 농사를 지으러 돌아간다. 그때 북문의 뜨거운 '짐(김)'이 새면서, 1907년 성과 벽이 헐린다. 북문 천장에 그려진 현무도의 뱀과 거북이도 그때 성 밖으로 사라졌을 것이다. 풍남문에는 아직 주작이 그려져 있는데.

　　북문에 왔다. 문이 없다고 한탄 말자. 루미나리에가 문도 없이 지키고 있으니. 루미나리에 아랫길을 주욱 따라가면 전주의 자존심 객사가 자리한다. 왕의 상징으로서의 정전인 객사는 공북문과 풍남문을 사이에 두고 의젓하게 남쪽을 향하고 있다. 그런데, 묘한 일이다. 객사 앞에는 성형외과와 안경점들이 많고 객사 뒤쪽에는 전주의 극장들이 모두 모여 있으니 말이다. 전통과 모더니즘의 혼재다.

북문 주위에는 극장이 많다. 그 시절 〈미워도 다시 한 번〉은 엄마가 보러 가고 아들은 〈벤허〉를 관람했다. 〈진짜 진짜 미안해〉는 여동생이 보고 오빠는 〈빠삐용〉을 보았다. 옛날 제국관이 들어선 공간에 전주극장이 대를 이었고 지금도 메가박스와 CGV, 전주시네마타운과 디지털독립영화관이 자리한 곳이 북문 블록이다.

극장 주위에 카페가 많은 것은 당연한 일. 옛날에는 다방이 있었다. 왕궁다방과 우인다방에서 김진규와 허장강, 도금봉은 다음 영화 캐스팅을 기다렸다. 이강천 감독은 〈피아골〉의 각본을 젊은 배우 김진규 허장강에게 설명한다. 미군 딘 소장의 이야기를 다룬 〈아리랑〉과 최초의 컬러영화 〈선화공주〉도 이곳 전주에서 나왔다. 그러니 북문 블록은 50년대 충무로였다. 영화감독이 떠난 뒤에도 배우들은 전주를 찾았다. 극장이 많았고 끊임없이 '쇼'가 벌어졌다. 그 스타들은 어디에서 잠을 청했을까?

경기여관이 있었다. 쇼의 주연 박노식은 여관에서 자고 콩나물국밥을 먹는다. 후배와 쇼단 멤버를 불러 이 전라도 '싸나히'는 구세약국에서 박카스를 한 병씩 돌린다. 그리고 여관골목을 지나 극장으로 향했을 것이다. 전주극장에서 공연되던 여성국극의 프리마돈나 임춘앵을 비롯한 멤버들은 소리를 좋아하던 주인 덕택에 한성여관에서 묵었다. 그러니 이들 스타들이 움직이던 동선을 배우골목, 창극골목이라고 부르자.

선현의 말씀에 '호남이 없으면 나라도 없다'라는 말이 있었다. 영화가 없으면 전주도 없다. 북문 블록에 영화가 없다면 전주는 훨씬 삭막했을 것이다. 그러니까 북문을 중심으로 한 영화블록은 도시의 휴머니즘이 낳은 결과였다. 영화라는 성취문화와 비보이라는 행위문화는 전주 사람들의 태도, 관습, 일상생활, 사고방식, 가치판단 기준에서 탄생한 것이다. 외지 사람들에게는 레저 혹은 일상의 문화지만 전주 사람들에게는 이제 역사다.

전주 깊이 알기

전주성의 북문

북쪽은 지도를 그릴 때 기준이 되는 방향이다. 임금이 계신 곳이니까. 당시 전주성 북문인 공북문(拱北門)은 한양으로 향하는 정문이었다. 그러니 공손해야 한다. 공북의 拱은 '두 손 맞잡을 공' 자를 쓴다. 북문이 안 보인다고 기록마저 없겠는가?

조선시대 떠도는 설화의 채록을 위해 안 가본 곳이 없는 문장가 서거정은 『공북루기(拱北樓記)』에서 전주를 '아조선근본지지(俄朝鮮根本之地)'라 했다. '우리 조선의 근본 되는 땅'라는 말씀인데, 이런 '전주 편애'는 경제적인 토대로서의 의미보다는 조선왕조의 터전이라는 정신적 의미가 더 클 것이다.

북문은 왕이 자리한 곳과 가까운 곳이기에 아무나 함부로 통행하지 않았다. 전라감사가 전주성에 부임할 때, 이곳 북문이 가깝지만 서문을 거쳐 남문으로 출입했다.

모던 스트리트, 걷고 싶은 거리

　북문이 있던 자리다. 오거리다. 시청에서 이어져 오는 길과 팔달로가 만나는 자리에 오거리가 있고 거기 문화광장이 있다. 촛불문화제를 비롯 나라에 큰 일이 있을 때 시민들이 모여 의견을 밝히는 공간이다. 세계적 명성의 전주 비보이 모습을 벽화로 표현한 곳에 촛불이 밝혀지는 이곳 문화광장은 북문의 앞마당인 셈이다. 오거리에 섰을 때, 서쪽으로 이동하면 영화의 거리고 남쪽으로 쭉 가면 '걷고 싶은 거리'다. 젊은이가 많아서 '젊음의 거리'라고도 하는데 보통 오거리에서 객사 앞 충경로까지 약 360m 정도 된다.

　모더니즘과 전통이 혼재한 북문 주위 이 동네를 '영화블록'이라 해도 좋을 듯. CGV와 메가박스, 전주시네마 등 대형영화관이 한곳에 든 구역으로, 쇼핑과 먹거리에 영화제작을 원스톱으로 해결할 수 있는 영화제작소까지 있으니. 현대적 영화관과 전통의 객사 건물이 남과 북을 이루고 있는데, 걷고 싶은 거리가 그 가운데 레드카펫처럼 죽 펼쳐져 있다.

　권위적 국가 유적인 객사 주위의 모던한 통유리 가게들이 즐비한 이 길목이 언밸런스할 것 같다고? 그렇지 않다. '거리'라 부르기엔 조금 좁고 '골목'이라 부르기엔 좀 넓은 이 거리는 나이 드신 분이라도 새 옷을 걸치고 싶게 젊음이 묻어난다. 혹시 차를 가져왔다면 좌회전 금지 구간과 진입 금지 구간을 외워둘 필요가 있다. 광장을 등지고 오거리주차장에서부터 시작하는 루미나리에가 반짝이는 이곳에서 패션구경을 하고 싶으면 왼쪽으로 접어드시길. 스포츠용품, 아웃도어, 화장품, 속옷 가게, 신발가게가 널려있으니. 거기 엔씨웨이브라는 커다란 쇼핑몰이 그 중심이다.

걷고 싶은 거리는 나무의자를 측면으로 놓아둔 형태를 하고 있다. 의자등받이와 다리로 말할 수 있는 첫 번째 거리는 직선으로 북문터에서 객사 옆길로 나오는데 차가 없어 걷기 좋고 돈 없어도 유명브랜드의 옷들을 눈으로 호강할 수 있는 거리다. 밤이면 더 좋다. 왜? 루미나리에가 불을 밝히기에.

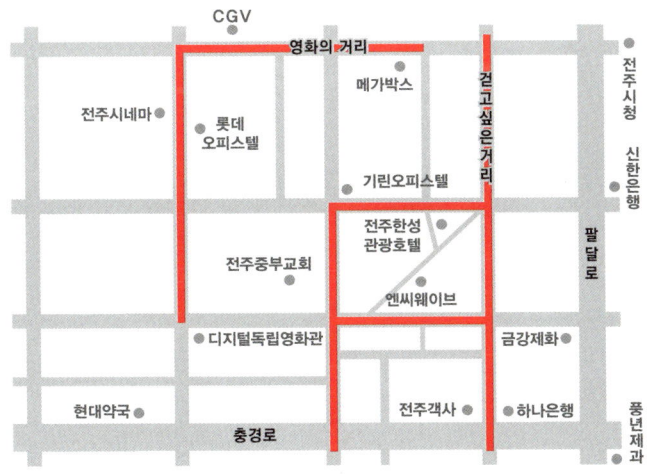

주말의 이 길은 인파다. 전주 힙스터와 패션 피플들이 외지인과 함께 섞인다. 신도청 옆 구획된 거리에선 정장아저씨들을 보지만, 이 동네엔 묘하게도 정장 입은 사람 찾기는 힘들다. 한옥마을을 찾은 외지인과 전주 주변, 이를테면 정읍, 김제, 고창에서 온 10대들의 쇼핑거리로 전주 사람이 아닌 경우가 더 많다.

의자의 앉음새를 나타내는 꼭지점에 기린오피스텔이 있다. 전주에서는 제법 높은 층고를 자랑하는데 5층에 전주국제영화제와 전주영상위 사무실이 있다. 최근에는 알라딘 중고서점이 지하에 자리하고, 유니클로가 들어서면서 인파가 늘었다. 이곳으로는 자동차 가져오지 마시라. 눈총 받는다. 의자 안쪽 공간에 해당하는 곳에는 옛날 창극배우와 국악인들이 많이 묵었다는 한성호텔이 있고, 스타벅스를 비롯한 째나는 찻집과 호프집들이 늘어서 있다. 한마디로 구도심의 소비골목으로, '여기가 그 전통도시 전주인가' 하는 외지인들이 많다.

영화스터디, 전주국제영화제

　도심의 전통공간 객사는 넓어서 좋다. 또 영화의 거리는 어깨를 겯고 걸어야 하기에 좁은 대로 좋다. 루미나리에가 번쩍이지만 상가 거리와 건축 등이 특별히 세련되지 않고 또 뻔뻔스럽지도 않다. 골목과 골목 사이에는 일제 혹은 70~80년대에 지어진 주택들이 식당공간과 의류매장으로 사용되는데, 참 애매한 것이 서울 인사동과도 다르고 광주 충장로와도 좀 다르다. 점잖은 공간도 아니고 또한 엄청난 욕망이나 소비의 공간도 아니다. 걷고 싶은 거리가 성장의 화장발을 보여준다면 영화의 거리는 캐주얼에 기초화장이면 된다. 국제영화제가 펼쳐질 때, 이 거리에서는 간소한 옷을 입고도 한번쯤은 파티걸이 될 수 있는 시간과 공간이 된다.

　전주국제영화제는 재미보다는 의미, 실험적 화면을 보여주는 까칠한 '영화스터디' 기간이다. 봄꽃이 막 지기 시작하는 사월 말에 비단보자기를 펼치니, 영화제 배너를 단 가로등이 늘어선 영화의 거리는 설치미술과 뉴스페이퍼 '데일리'로 도배가 된다. 축제다. 그 명절이 열흘이나 되니 짧지 않다. 국제영화제 주요 행사장인 이곳 고사동과 중앙동은 노란색 점퍼를 입은 자원봉사자들을 비롯 인파천국이 되는데, 가히 전주 신팔경新八景에 속한다. 영화 속 주인공들이 화면 밖으로 튀어나온 듯한 영화제 기간 동안 이른 봄의 끈 패션들은 뉴요커와 파리지엔느 부럽지 않다.

ⓒ 전주영상위원회

영화의 거리에서 객사까지

지프거리, 영화의 거리

차가 다니긴 하지만 그리 불편하지 않다. 여기 처음 만나는 극장이 메가박스다. 국제영화제의 많은 프로그램들을 소화하는 곳으로 북문블록의 중심이 된 느낌이다. 8층 10개관 미끈한 현대식 외관의 극장 앞은 영화제가 열리면 인파의 거리가 된다. 이곳 앞마당은 인디밴드의 공연 장소가 되고 설치미술을 하는 사람들의 살아 움직이는 전시장으로 변한다.

우리나라 톱스타들은 말할 것 없고 차이밍량, 이리 멘젤 같은 유명한 감독들도 단촐하게 가방 메고 걷는 평등한 거리니 혹시 영화계의 별은 없는지 잘 봐둬야 한다. 영화제 기간 동안 이 거리만큼은 젊은 처자가 담배를 피워도 점잖은 전주 사람들이 째려보지 않고 그냥 지나가니 그 따뜻한 열기와 건강한 일탈이 밉지 않은 곳이다. 그런데, 보려던 영화가 시간이 안 맞는다고? 그럼 먼저 CGV로 가자. 왜? 가까우니까. 메가박스에서 CGV로 가는 주위 커피숍과 김밥집과 옷가게들을 천천히 훑노라면 수많은 상호들이 엔딩 크레딧처럼 올라간다.

동진주차장 앞 CGV는 외관이 어쩐지 예식장 취향인데, 이제 동진주차장 공터에 새롭게 단장한 CGV가 곧 들어선다. 유하 감독이 만든 영화 〈비열한 거리〉 중에서 조폭 조인성의 친구 민호(남궁민)가 그의 입봉작 '남부건달 항쟁사'의 개봉을 축하하는 장면을 CGV 출입문 자리에서 찍었다. 화환이 늘어진 입구에서 개봉을 축하하는 신이었다. 당연히 사람이 많은 동네라서 아침 8시부터 찍었다고. 영화관 안에서의 장면은 조금 아래쪽에 위치한 전주시네마타운에서 밤새 찍었다. 전주시네마 바로 옆에 터를 잡은 '꽈배기' 맛을 혹시 아실려나? 딴지일보에도 소개되었다면 알 만할 듯.

시네마천국, 디지털독립영화관

한 250미터 정도 될까? 전주 영화의 거리 꺾어진 아랫부분은 전주시네마 앞에서 시작해 디지털독립영화관 입구에서 완성된다. 노출콘크리트 외관에 통유리를 바른 모던한 건물 3층에서는 색보정 등 후반편집 작업을 하고 4층은 예술영화를 상영하는 극장이 있다. 여기 70년대 이 자리에 HLKA라디오 방송국이 있었다. '누가누가 잘하나'에 출연해 녹음을 하던 기억 너머에 옛날 박노식과 허장강 등 배우들이 드나들던 왕궁다방이 있었다. 50년대부터 영화배우들이 진을 치던 전주 영화 창세기가 열린 곳에 디지털독립영화관이 들어선 것을 보면 이것은 결코 우연이 아니다.

디지털독립영화관 옆 안내판에는 10명의 감독과 배우들의 동판마스크가 붙어있다. 전북 출신 송길한과 한국영화의 어르신 신상옥, 유현목, 임권택 감독 그리고 왕샤오수웨이 등 거장의 얼굴들이 새겨져 있다. 어찌 영화의 거리만 그렇겠는가? 전주라는 도시 자체가 라이브러리이다. 여기는 국제영화제를 위해 만들어진 인공적인 명소가 아니다.

이 라이브러리에서 영화를 찍는다? 쉽지 않을 것이다. 왜? 매일 차가 심하게 막히는 거리는 영화 찍는 사람에게는 분명 비효율적일 것이니. 하지만 이곳에서 슬레이트 보드를 두드린 작품으로는 〈비열한 거리〉 말고도 차태현 주연의 〈바보〉, 차승원 주연의 〈국경의 남쪽〉, 황정민 주연의 〈슈퍼맨이었던 사나이〉, 김지수·조재현 주연의 〈로망스〉 그리고 류승범·신민아 주연의 〈야수와 미녀〉 등이 짧은 컷을 살린 곳이다.

ⓒ 오충근

극장의 영고성쇠

제국관 그리고 전주극장 시절

1895년 뤼미에르 형제가 첫 영화를 상영한 후, 30년 만인 1925년 전주에 극장이 들어선다. 제국관! 싸가지 없는 이름답게 일본사람에 의해 건립된 극장은 다다미방으로 돼 있어서 관객들은 겨울에는 화로나 방석을 돈 주고 빌렸다. 돈 없는 사람은 떨었을 것이고. 제국관은 영화 말고도 여러 장르의 공연이 이루어지는 복합문화공간이었다.

1930년 2월 8일, 제국관에서 전국 명창경연대회가 열린다. 이때 국창 임방울은 이화중선, 박금향 등과 함께 출연 〈쑥대머리〉의 '간장의 썩은 눈물'을 토해내는 열창을 했다. 당시 최고의 레코드사인 오케 레코드사는 1935년 2월 25일부터 정읍을 시작으로 한 달간 전국투어에 나서는데, 목포, 광주, 평양에 이어 3월 4, 5일 이틀간 제국관에서 공연을 한다. 신의주와 만주 봉천에 이르는 지난한 행군이었다. 당시에 무대에 선 스타로는 이난영, 강남향, 고복수 등이 있었다. 해마다 오케레

코드는 '오케 그랜드쇼'나 '조선악극단 남선공연' 등으로 전주를 찾았다. 1938년 4면으로 발행되던 〈매일신보〉(3월 27일자)에는 '전주 제국관에서 전선명창 경연대회' 기사가 떴다.

> (전주) 남국의 봄은 점차 무르녹아 시냇가의 세류細柳가지에는 춘의春意가 짓터가고 있다. 이 양춘가절을 당하여 본보 애독자를 위안하는 의미에서 오는 4월 13일부터 15일까지 3일간 전주 제국관에서 전주권번 주최 본보지국 후원으로 전선명창대회를 개최하게 되었다. 참가범위는 각 권번 1명씩으로 려비 숙박료 등을 지불하며 상품은 1등 70원 2등 30원 3등 15원 4등 10원을 줄 터.

해방 후 모든 부동산이 국유화되자 제국관은 전라북도가 위탁 경영하게 되면서 '전주극장'이란 이름으로 불린다. 연세 드신 분들은 '후생극장' 혹은 '도립극장'이라고도 불렀다. 주로 영화를 상영하기도 했지만 '이수일과 심순애', '임춘행과 그 일행' 등 서울에서 오는 악극단의 공연이 진행된 말 그대로 종합극장이었다.

1925년 전주시가지도에서 보이는 전주극장.
개인소장 ⓒ 종걸

故하반영 화백이 기억으로 그린 제국관 스케치

백도극장에서 오스카극장으로

 1948년 김영창은 서른 살 나이에 백도극장을 설립한다. 제국관에서 잔뼈가 굵었고 해방 이후 전주극장을 운영한 경험이 있었기에. 1954년 김영창은 모험을 시작한다. 영화를 만들기로 작정한 것. 백도극장 선전부장으로 일하던 이강천 감독과 함께 도원결의한 영화 〈아리랑〉은 전주영화 성공의 신호탄이었다. 당시 신인이던 허장강은 이 영화에서 주연을 꿰찬다.

 다시 〈피아골〉로 기염을 토하면서 1956년 김영창은 이강천과 함께 영화 〈격퇴〉를 제작하는데, 이때부터는 아예 '청룡프로덕션'이라는 영화사를 설립하여 활동했다. 청룡프로덕션의 2회 작품은 1957년에 제작한 〈선화공주〉인데 비록 16mm로 제작되었지만 '한국 최초 천연색 영화'라는 타이틀을 얻는다.

 1957년 1,000석 규모 중앙극장이 지금의 성원오피스텔 자리에 개관하고 전설의 백도극장은 1959년에 폐업하여 오스카극장으로 이름이 바

영화의 거리에서 객사까지

뀐다. 당시 오스카극장에서는 박초월을 필두로 국악인들이 많은 공연을 했다. 청실홍실의 가수 송민도는 1960년 오스카극장에서 전주의 노래 '전주의 왈츠'를 발표했는데 큰 인기를 얻지는 못했다.

1960년 4월 24일 전북대학 50여 명의 학생들은 공보관 앞에서 궐기문을 읽고 오스카극장을 거쳐 도청남문을 향하는 데모를 벌였으니, 이곳이 전주의 중심이었다. 후일 오스카극장은 아카데미극장으로 이름이 바뀌고 주로 수준 높은 외화를 상영하는 가장 깨끗한 극장이 되었다.

빈대극장의 '뚜룩'영화

어디 극장이 영화만 보는 곳이겠는가. 단체관람의 기억부터 연인의 손을 잡고 키스를 나누던 은밀한 추억과 함께 울고 웃기도 하던 곳. 또한 그때 극장가는 건달들의 무대였다. 미성년자관람불가 영화는 '학주'의 감시망과 변장을 한 학생들의 첩보전이었다. 영화 상영 전 애국가

1967년 삼남극장, 이후 피카디리극장이 되었다.(현 CGV자리) ⓒ 전북도청

연주와 '리버티 뉴스'나 '대한 늬우스'도 지금 생각하면 귀여운 장면이었다. 개봉관은 비쌌다. 실업자나 말썽장이 고삐리들은 한 편 요금 값에 싸구려 영화 두 편을 볼 수 있는 극장에 가서 하루를 때웠다. 영사기사는 개봉관에서 사용됐던 필름 옆 구멍에 난 흠집을 손보고 필름을 자르고 붙이며 간신히 때우던 시절이었다.

　70년대 중반이후, 최신 시설을 갖춘 삼남극장과 코리아극장이 오픈해서 영화팬을 싹쓸이한다. 나중에 생겼던 태평극장을 포함해서 시민극장과 제일극장은 재개봉관이었다. '빈대극장에 '쎄코'를 뚫어 '뚜룩'영화를 보았다'는 당시 꼴통 학생들이 자주 쓰는 은어였다. '빈대극장'이라고 불렸던 제일극장은 퀴퀴한 냄새가 나는 지저분한 곳이었지만, 한

1970년 명화의 전당(현, 전주시네마) ⓒ 전북도청

편 값으로 외팔이 검객 왕우와 노란 츄리닝의 이소룡 등 홍콩 영화를 두 편이나 보여주기에 극장 안은 항상 만원이었다.

멀티플렉스 시대

제1회 전주국제영화제가 개최되면서 전주 극장들의 이합집산과 M&A시대가 열린다. 2000년 첫 영화제의 개막작은 홍상수 감독의 〈오! 수정〉이라는 흑백영화로 이제는 저 하늘의 별이 된 군산 출신 이은주가 주연을 맡았다. 지금은 사라진 명화극장에서는 프레데릭 백의

〈위대한 강〉과 같은 애니메이션이 상영되고 5월1일 씨네21극장 2관에서는 허우샤오시엔 감독의 〈남국재견〉이 상영되었다.

소소한 끗발의 극장들은 국제영화제를 전후로 통폐합되는 비운을 맞는데. 국도극장은 '씨네21'을 거쳐 '프리머스 시네마'로 바뀌었지만 전주 극장대첩 혈투에서 끝내 문을 닫는다. '아카데미 아트홀'은 김아중이 주연한 〈미녀는 괴로워〉를 끝으로 간판을 내린다. 80~90년대를 호사하던 '피카디리'는 'CGV전주'로 살아남고, 뉴코리아극장은 명화극장을 인수한 후, 7개관의 '전주시네마 타운'으로 정비된다. 여기 대한극장을 인수한 메가박스가 3강을 형성한 전주의 극장가는 '필름 느와르' 전쟁 중이다.

제1회 전주국제영화제 개막작 홍상수감독의 〈오! 수정〉 포스터

전주 깊이 알기

선정성의 기준

1955. 3. 26 영화를 선전하기 위한 간판이 선정적이어서 청소년 범죄를 조장할 수 있다고 하여 철거 명령. 문제시 된 간판은 '마를린 먼로', '리타 헤이워즈'의 키스 장면을 그린 '기루다' 등. [출처: 전주시사(全州市史)]

영화의 거리에서 객사까지

전주의 골목들

　시인 이상李箱은 「오감도」에서 13인의 아해가 질주하는 골목에 대해 썼다. 공포의 시대였기 때문에. 그러나 이제는 버림받았던 골목길이 멋을 아는 사람들의 순례지로 떠오른다. 전주 부성 안 골목에는 꼭 카페가 아니라도 찾고 싶은 추억의 시간들로 이어져 있다.

　큰길에서 쑥 들어가 동네나 마을 사이로 이리저리 나 있는 좁은 길. 막다른 골목. 옛날의 골목은 초가집 흙담장 위에 볏집으로 이엉을 올린 그림이었을 것이다. 그래, 골목의 아름다움을 너무 미화해서는 안 될 것. 푸세식 화장실의 똥 푸는 모습과 '치즈 크러스트 라지 피자'의 토사물 흔적 등 거기 그 자리에 민들레꽃이 피어난다. 갈 곳 없는 젊은 연인의 입맞춤이 있는 곳. 닫힌 듯 열린 골목은 새벽 취객들의 싸움터였고, 어린 깡패들이 삥을 뜯던 곳이었다.

　산업은행 맞은 편 골목의 생선탕이 맛있는 '동락일식'을 어른들은 안다. 도청이 빠져나갔지만 굳건히 자리를 지킨다. 거기 목욕탕에 이어지는 골목길에 배추가 심어져 있다면 믿겠는가? 이 골목길의 담장은 곧

어떤 자취생의 바람벽이었다. 담장 사이로 이어진 좁은 길은 막힌 듯 이어진다. 골목길은 누구에게나 어린 시절의 놀이터였다. 이 공간에서 동네 머시매들은 공놀이를 했고, 지지배들은 '샤파샤파 하이샤파' 노래를 부르면서 고무줄놀이도 했다.

　최인훈은 분단을 아프게 그려낸 소설 『광장』에서 광장과 밀실을 주목했다. 하지만 골목을 놓친 것이다. 홍상수의 영화에서는 골목길이 많이 등장한다. 홍상수 영화 속 골목, 〈북촌방향〉에 등장하는 배우들이 거닌 골목길보다 더 소박하고 꾸밈없는 곳이 전주의 골목길이다. 후일 '쌍년'이라 불린 제주도 아가씨 수지와 서울 촌놈의 사랑이야기인 〈건축학개

론〉에서의 골목길은 숙제를 같이 하는 동안 사랑이 싹트는 공간이었다. 낮은 천장, 가로등을 잇는 촘촘한 전깃줄, 시간이 멈춘 듯한 골목에 들어서면 불안한 푸근함이 찾아온다.

 전주 골목탐사는 메가박스 뒷길에서부터 시작된다. 메가박스에서 중앙교회에 이르는 길에는 떡 하니 아해들의 춤공간이 있다. 입술을 붉게 칠한 전주 외곽 시골 고삐리들이 메이커 옷을 사 입고 영화 한 편을 때리고 돌아가는 블록인데 요즘은 이 골목에 맛있는 분식집과 카페가 늘고 있다. '나무라디오'라는 카페는 골목 입구에 자리하는데 카페 내부 역시 미로형이다.

객사 뒤로 이어지는 그 옛날 창극배우들이 다니던 한성여관 골목은 곧바로 유명메이커 가게로 이어지고 카페와 레스토랑으로 마감된다. 저 옛날 조선 후기 전주부성 안 시전市廛에는 번쩍번쩍 황금으로 빛나는 '주석방거리'가 있었다. 바로 놋그릇을 파는 점포들로 객사 뒤에서 한성호텔로 가는 골목에 모여 있었다.

한양불고기에서 명동사우나로 이어지는 길은 배우골목으로 맛집이 많다. 조금 점프컷으로 이동해서, 남문주위로 가자. 남문시장에 들어서면 전주 사람도 헷갈린다. 콩나물국밥집과 피순대집을 찾으려면 학습이 필요하다. 그런들 어떠랴? 부디 해찰하시라. 거기 사람 사는 맛까지 찾을 수 있을 터.

고사동 영화의 거리 안쪽 또 풍남문 곁 구호물자 골목 좁은 길은 한번 걸어볼 만한 골목길이다. 그리 좁지 않다. 그리 길지 않다. 깡패 없으니 뚤래뚤래 맘편히 걸으시라.

전주 깊이 알기

도시와 골목

브라질리아는 인공으로 설계된 도시다. 처음에 쾌적하던 도시가 어쩐지 정내미가 안 가는 원인을 도시공학자들이 찾아냈다. 바로 골목이 없더라는 말씀. 도로교통 중심의 효율성만을 강조하다보니 숨은 골목의 맛을 놓친 것이다. 그렇다. 도시를 만드는 건 사람이고 도시를 은근히 빛내는 것은 거기 숨어있는 골목이다.

영화의 거리에서 객사까지

창극골목

지금은 전주의 동과 서를 잇는 관통로(충경로)가 옛 전주부성을 절반으로 갈라놓은 형상인데, 여기 전주의 극장들이 밀집해 블록을 형성하고 있다. 그 블록의 끝에 디지털독립영화관이 있고 중심에는 사라진 전주극장이 있었다. 한 마디로 공연문화가 깃든 블록이다.

북문에서 걷고 싶은 거리를 살짝 지나치면 메가박스, 여기 뒷골목은 음침하지 않고 되려 화려한 골목이다. 거기 청소년의 광장이 있고 조금 더 걸으면 한성호텔이 나온다. 1949년 여관의 이름을 내걸고 운영을 시작한 한성호텔은 전국의 소문난 소리꾼들의 숙소로 활용된 곳이다. 판소리를 좋아하고 잘 불렀던 창업주 이귀언(1910~1967) 씨가 운영한 '한성여관'은 전설의 여성국극단 임춘앵, 박귀희, 김진진 등이 전주를 방문할 때마다 묵은 곳이다.

여기 전주 출신으로 대한민국 희곡계의 거장 한국예술종합학교 연극원 극작과 이강백 교수의 '임춘앵 여성국극단' 이야기를 들어보자.

전주는 순회극단들이 자주 왔었고, 단골 관객들이 많았다. 특히 '임춘앵 여성국극단'의 공연은 최고 인기였다. 나는 그 극단의 〈호동왕자와 낙랑공주〉를 다섯 번이나 보았다. 그들은 이중모순의 표본이다. 호동왕자를 사랑한 낙랑공주는 자명고를 찢어야 했다. 자명고도 보존하고 사랑도 성취한 낙랑공주는 없다. 호동왕자 역시 그렇다. 낙랑공주를 사랑하면 사랑할수록 공주는 죽게 되어 비탄에 빠진다.

연극에서 호동왕자는 주몽의 후예답게 행동했다. 그는 낙랑공주의 관심을 끌기 위해 한 소년의 머리 위에 사과를 올려놓고 활시위를 잡아당겼다. 관객들은 숨도 쉬지 못했다. 그때 낙랑공주의 시녀가 손거울을 떨어뜨렸다.

그 거울은 청동제품이어서 깨어지지 않았으나, 잠시 관객들의 시선을 사로잡는데 충분하였다. 그 순간 화살은 시위를 떠났고, 관객들이 소년을 바라보자 화살은 이미 사과에 꽂혀 있었다. 낙랑공주가 호동왕자의 그 놀라운 솜씨에 반한 것은 물론이다.

이강백의 이야기대로 1950년대의 가장 뜨거운 문화 아이콘은 바로 여성국극이었다. 배우 전원이 여성들로 구성되어있기에 붙여진 이름으로 왕에서부터 장군, 왕자까지 모두 여성배우들이 연기했다. 남장 여자로 보름달 같은 임춘앵林春鶯(1923~1975)은 커다란 풍채에 낮고 굵은 목소리로 전주의 팬심을 사로잡았다. 무대 위에서 공주는 물론 사또와 도령까지 모든 역할들을 맡아 연기했던 남장 여배우들에게 엄청난 소녀 팬덤이 형성되었다. 〈옥중화〉, 〈청실홍실〉, 〈햇님달님〉까지 이들의 공연이 있는 날이면 전주부성이 난리가 났다.

프리마돈나 임춘앵

공연 몇 시간 전부터 줄을 서던 당시 전주극장은 최고의 오락공간이었다. 1925년 일본인에 의해 설립된 '제국관'의 후신으로 1950년대 이미 회전무대를 갖추어 무대 공연에 적합한 전주극장은 영화상영과 함께 창극과 악극 공연을 무대에 올렸다. 누구는 임춘앵보다 김진진의 인기가 높았다고도 하는데, 대금산조예능보유자 이생강은 임춘앵여성창극단 악장이었다.

여성창극단들이 전주에 오면 보통 닷새 동안 머물며 공연을 했다. 창극단과 악극단이 공연을 하는 날이면 자동차에 단원을 태우고서 트럼펫을 불고 마이크로 가두방송을 하였다고. 전주시 극장 대표들이 주로 운수회사를 함께 경영하였기에 가능한 일이었다. 놀라운 것은 당시 경비행기로 전단지를 뿌렸고, 극장 안에서는 요즈음 예식장에서 사용하는 반짝 테이프로 꽃비를 뿌렸다. 팬들이 사서 뿌렸으니 오늘날 콘서트의 야광봉 같은 응원도구라 할까?

오늘과 다르지 않았다. 당시 연예인 지망 여학생들이 부모 몰래 집안의 패물을 훔쳐 들고와 창극단 멤버에 끼워달라고 생떼를 썼다. 빨래와 밥을 도맡아 하는 팬들도 생겨났다. 소위 오빠부대의 원조인 셈이다. 임춘앵은 어린 소녀들에게 신분증을 확인하면서 국악인 양성소 입소를 권했다 하는데. 당시로 말하면 국극단은 SM, YG 엔터테인먼트였던 것. 그러나 달이 기울듯 1965년 이후로 영화나 TV가 활성화 되면서 여성국극은 쇠퇴의 길을 걷는다.

한성여관에서 전주극장에 이르는 골목길은 이제 젊은이들의 활기찬 모습과 나이트클럽의 수질을 알리는 '찌라시'로 물결을 이룬다. 밤늦게 공연을 마치고 여관잠을 자기 위해 골목을 걷던 임춘앵과 김진진의 모습이 보인다. 대사습놀이에 출연하여 전전긍긍 결과를 기다리던 전국의 소리꾼들이 뒤를 따른다. '쑥대머리 귀신형용'을 부르던 임방울을 비롯하여 박녹주, 김연수, 박초월, 김소희 등 암울한 시대에 별처럼 빛났던 그분들이 피곤한 몸을 눕혔던 한성여관에 이르는 좁은 골목이 바로 창극골목이다.

여성국극단 공연광고와 옛 한성여관 그리고 창업주 부부

영화의 거리에서 객사까지

배우골목

길에도 흥망이 있다. 영화 블록 서쪽 한양불고기에서 명동사우나로 이어지는 길을 지명으로는 '객사3길'이라 부른다. 좁다. 하지만 이 길은 '골목'이 아니었다. 이 '길'은 소위 관통로(전주 사람들은 도시를 관통한다 해서 계속 관통로라 부르지만 정식명칭은, 충경로)가 뚫리기 전까지 전주의 '강남과 강북(사실은 전주천을 중심으로 동과 서로 나뉘지만)'을 연결하는 메인 스트리트였다. 폭이 좁아 기전 여학생들이 몸을 옆으로 돌리며 지나치며 걷던 이 길은 선너머 예수병원과 신흥학교를 가려는 강북의 시민과 학생들, 반대로 전주부성내의 학교와 직장을 향하는 사람들의 왕래로 한때 전주에서 가장 번잡한 길이었다.

1980년, 전국체전이 열리면서 객사 앞으로 전주의 동서를 관통하는 충경로가 나면서 이 길은 말 그대로 골목이 된다. 그 작은 길을 두고 중앙동과 고사동으로 나뉘니 사연 많은 골목이다. 세대마다 골목 이름이 다르다. 젊은 사람들은 '마차집'골목이라 하고 중년은 '한양불고기'골목이라 하며, 연세 드신 어른들은 '경기여관'골목 혹은 '피란민' 골목이라 이름한다. 한때 칼질하던 최초의 경양식집 '신천지'가 자리하면서 번성했던 이 길은 10여 년 전에는 파트릭 모디아노의 책 제목처럼 '어두운 상점들의 거리'였으나 요즈음 다시 살아나는 중이다.

현재 '또순이네집'이란 상호가 걸린 식당 옆에는 성결교회 주차장으로 이어지는 작은 철문이 있다. 이곳이 50년대부터 70년대까지 제일 잘나가던 '경기여관'이 있었다. 당시 이 블록에서는 위쪽으로는 한성여관, 아래쪽의 반도여관과 더불어 가장 큰 집이어서 JP 김종필도 묵고 갔단다. 마당이 깊었고 방이 많아서 영화배우나 극단 관계자들이 단체로 묵기에 깨끗한 집이었다. 그 앞에는 피란민들이 살았고, 서북청년단 사무실과 방첩대 사무실도 있었다고.

당시 경기여관은 장동휘 박노식 등 스타들과 이용식 김용건 등 준스타(당시의)들 그리고 전주극장에서 '쇼'를 하던 유랑극단 연예인들의 단골여관이었다. 이 사거리에서 53년째 구세약국을 운영한 김동호씨(78세)는 김진규, 허장강, 박노식을 기억한다. 최고의 스타 남진 그리고 프로레슬러 박치기 명수 김일과 당수의 달인 천규덕 등도 반드시 이곳에서 자고 갔으며 자신의 약국에 들렀다고 증언한다.

한양불고기 앞 쪽으로 디지털독립영화관과 영화제작소가 한 건물에 자리하는데, 벽면에는 최근에 상영한 영화포스터와 여기를 다녀간 최고 감독들의 사진이 걸려있다. 이 건물 앞에 자그마한 피라미드의 전주영화비가 있으니 찾아보시라. 영화비에서 관통로를 향하여 몇 걸음을 옮기면 여기 한 그루 오래된 은행나무가 좁은 사거리에 돌출해 있는데, 전주 영화전설을 기억하는 나무다. 은행나무를 기준으로 좌측에는 만두

끝판왕 일품향이 자리하고 골목 우측으로는 전설의 왕궁다방이 있었다.

전주극장 주변에 '고향다방', '왕궁다방', '우인다방'이 있었다. 당시 무대에 오르거나 죽치고 앉아 있던 연예인들의 면면을 보면 김승호, 허장강, 김진규, 황해, 박노식, 도금봉, 김희갑, 현인, 김정구 등이다.… 바로 이때 경찰 공보실에서 1951년 경찰영화 〈애정산맥〉이 제작되었다. 이어서 1953년 〈아리랑〉, 1955년 〈피아골〉, 1956년 〈선화공주〉 등이 제작되었다. 〈피아골〉을 피크로 전주는 영화도시가 된 것이다.

– 장명수, 『전주근대생활조명100년』 2권

텔레비전이 정착되기 전 60년대 극장에는 '쇼'가 성행했다. 이미자, 남진, 나훈아, 하춘화, 김세레나 쇼에는 어른들이 모여들었고 패티김, 김추자, 신중현 등이 오면 젊은이로 극장이 붐볐다. 스타가 자리를 비운 사이, 고춘자 장소팔의 만담코너와 캉캉춤 또 후라이보이 곽규석과 젊은 송해가 고명으로 시간을 때웠다. 특히 디바 김추자가 뜨는 날에는 전주의 왈패 남학생들이 몰려와 극장문짝이 부서지는 소동을 빚기도 했다고. 전주에서 오래 출몰한 배우 박노식 또

배우 박노식과 최은희

한 출중한 게스트로 출연, 전라도 사투리를 담은 입담에 깜짝 팝송과 함께 끼를 드러내며 여인들의 인기를 독차지했다. 70년대 이후에 쇼의 이름이 바뀐다. 바로 '리사이틀'. 가수 남진의 리사이틀은 작은 엘비스 프레슬리가 되어 무대를 흔들었고 나훈아 역시 히트곡이 많았기에 장시간 무대에 섰다.

경기여관에서 자고 삼백집에서 해장국을 먹은 배우 박노식은 구세약국에 들러 박카스를 마시면서 하루의 일과를 이야기한다. 점심은 일품향에서 간단한 만두로 때우고 왕궁다방에서 커피 한 잔을 했던 사연을 디지털독립영화관 곁 저 은행나무는 알고 있다.

하나 더, 경기여관은 이불 빨래를 여관 앞 피란민촌 아주머니들에게 맡긴다. 아웃소싱이다. 전주천에 드럼통을 펼치고 양잿물에 이불 빨래를 삶아주고 천변에 흰 광목천을 너는 풍경을 기억하는 어른들이 많다. 그 이면에는 손끝이 야문 피란민 아주머니들이 있었다. 잘 다린 이불을 시침하러 경기여관에 드나들던 아주머니들은 여배우나 가수들에게 양키시장에서 나온 화장품과 브래지어와 스타킹 등을 팔았다고 한다. 연세 드신 아주머니들이 경기여관에서 박노식을 비롯한 유명배우들을 노상 보았다는 증언과 구세약국 약사님의 말씀은 아귀가 딱 들어맞는다. 제국관에서 이어진 전주극장은 그 뒤 쇼핑몰로 바뀌고 또 바뀌면서 배우들의 흔적은 사라졌지만 이 골목은 배우골목이다.

전북영화사

1948년 이후
전북 최초의 영화
"끊어진 항로" 제작
이후 피아골, 아리랑,
선화공주 등
영화사에 길이 남을
작품들이 전북에서 제작

경기여관이 있던 자리, 그리고 배우골목을
설명하는 구세약국 약사님

주전부리골목

　전주에서 팝콘만 들고 영화를 보는 사람들은 서울촌놈이다. 왜? 전주시네마와 CGV전주가 만나는 중간에는 문어발 스탠드 레스토랑이 있으니까. 영화의 거리 포장마차에서 문어발을 구워 '그들 각자의 영화관'을 선택해 스태프 몰래 애인의 핸드백에 챙기시라. 앙큼하게도 옆 사람에게 냄새풍기며 먹는 그 쫄깃하고 바삭한 맛을 모르고 페인트통 만한 팝콘만 드시는 분들은 서울 촌놈이다.

　만두의 정석 '일품향' 아래쪽 '한양불고기' 부근골목으로 가면 콩나물국밥으로 유명한 식당들을 비롯해 퓨전요리부터 순대까지 없는 게 없다. 영화블록에서는 주전부리 내지는 서브컬쳐로 여겨졌던 것들이 당당히 음식으로 대접받는다. 꽈배기가 그렇고 떡볶이가 그렇다. 구 프리머스 뒤쪽 다시 객사로 향하는 뒷골목에는 생과일주스와 만두나 떡볶이를 파는 가게와 포장마차들이 즐비한 곳으로 잡채 그리고 튀김을 상추에 싸먹지 않고서는 전주에 다녀왔다고 말할 수 없다. 골목이 좁아 더 좋다.

한양불고기 앞에서 잘린 골목은 다시 은행나무를 기점으로 이어진다. 좁지만 제법 반듯한 골목으로 옛날 전주극장으로 이어지던 길이다. 지금은 옷가게와 카페골목이 되었지만 과거 칠팔십년대 여기 전설의 튀김집들이 많았다. 지금의 사오십대들은 이 골목을 '튀김골목'이라 말한다.

튀김집이 그냥 튀김만 팔았다면 그런 골목이름이 붙었을까? 여기 튀김집에는 음악방송 부스를 만들고 장발에 청바지 뒷주머니에 도끼빗 꽂은 DJ 오빠들이 있었다. 튀김을 먹는 사이 메모지에 팝송을 적어 부스에 전달하면 DJ 오빠께서 "오늘은 왠지, 크레이지 러브가 듣고 싶은…" 멘트를 날려 여학생들의 마음을 설레게 한 그런 시절이 있었다. FM 라디오의 등장으로 집에서 '별이 빛나는 밤에'를 듣고, DJ들이 팝음악을 틀어주던 시절이었다.

바삭하고 고소한 튀김을 자랑하던 메뉴로는 감자나 고구마튀김에서부터 식빵튀김은 조금 저렴한 것이었고 야채튀김, 깻잎튀김, 고추튀김, 김말이 튀김, 햄 튀김 등이 조금 비싼 가격으로 플라스틱 바구니에 올랐다. 특히 고추튀김재료에 바지락이 들어갔는데 식감이 아주 좋았다. 경기여관이 문을 닫자 생활력이 강한 일감 없는 피란민 아주머니들은 이 튀김골목에다 조갯살을 납품하면서 아이들의 용돈을 벌었다.

B-Boy 스핀 오디세이

비보잉 퍼포먼스 그룹 '라스트포원Last for one'은 전주보다 서울에서, 우리나라보다 세계에서 알아주는 멤버들이다. 서울에서 잘나가는 힙합 뮤지션을 추종하는 젊은이들은 전주하면 비보이가 생각난다고 말하는데, 전주의 어른들은 스트리트 댄스의 한 장르인 비보이를 모르고, 젊은이들은 북문이 있던 자리를 모른다.

　북문터 바로 앞에 오거리 문화광장이 있다. 거기 비보이들이 몸을 비트는 그림이 그려져 있다. 실제로 여기서 물구나무 선 채로 '얼음땡'

 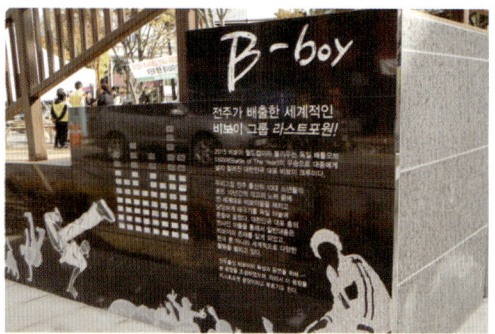

이 되는 춤을 춘다. 이곳 북문터에서 객사방향으로 나가는 일직선 코스인 '걷고 싶은 거리'가 형아들의 동네라면 10대들에게는 '청소년의 광장'이 있다. 북문터에서 조금 내려와 메가박스 뒷길로 걷다보면 중앙교회당 주차장 자리에 데크가 있는데 조금 더 가면 그래피티가 화려한 골목에 또 다른 데크가 있다. 알아서 한 판 즐기라는 전주시의 배려다.

90년대 들어 전주시의 효자, 삼천, 중화산, 서신동에 개발 붐이 일어난다. 한마디로 전주 강남(사실은 서쪽이지만)에 도심상권이 분산되면서 나이든 소비층들은 북문 가까운 고사동 도심을 찾지 않는다. 그래서 이 블록은 젊은이들의 거리로 변모하게 된다. 일단 영화관이 많지 않은가. 영화를 본 후, 차 없는 거리로 걸으면서 로드샵에서의 아이쇼핑도 즐거운 일.

기린오피스텔 주변에서 한성호텔 그리고 객사 나가는 길목에는 패스트푸드점, 스포츠 의류를 비롯한 각종 브랜드 매장과 속옷 가게가 즐비하다. 팬시샵, 귀금속 및 장신구와 가방 등 청소년층과 젊은 여성들의 구미에 맞게 화장품가게 앞에서 마이크 차림에 젊은 언니를 부르는 호객언니의 소음은 절박한 애교다.

전주의 시월을 젊음의 용광로로 만드는 데는 비보이가 한몫한다. 비보이 경연대회의 중심에 '배틀Battle'이 있는데, 여성들은 그들의 우상이자 2PM에 소속되어 있었던 크루 '박재범'을 이야기한다. 박재범은 전주 비보이대회 때마다 어떤 일이 있어도 전주대회에 참여하기에 동학군 이래 북문은 젊은이들로 넘쳐난다.

라스트포원의 스핀 오디세이를 살피자면, 2005년 비보이월드컵이라는 독일 '배틀 오브 더 이어battle of the year'대회에서 19개 나라의 팀들을 물리치고 우승을 차지한다. 전주의 언더그라운드에서 춤을 추기 시작한 지 10년 만이었다. 2007년에는 제61회 영국 에든버러 프린지 페스티벌에서 댄스와 코미디를 조화시킨 공연으로 호평을 받는다. 라스트포원 멤버들은 2008년 2월 25일 국회의사당 앞 이명박 대통령 취임식 무대에도 초대받았으니 춤만 춘다고 잔소리하던 어른들이 머쓱하게 되었다. 전주시는 2008년 3월 27일 고사동 6호 문화광장 이름을 '라스트포원광장'이라 명명한다.

 2005년 독일세계대회 우승, 2006년 준우승을 계기로 청소년들의 건전한 문화육성을 위해 2007년 전국적 비보이 배틀인 '전주비보이 그랑프리'가 전주에서 열렸는데, 벌써 8회째다. 30여 팀이 참가하는 대한민국 소문난 춤꾼들의 댄스 배틀 예선은 오거리광장과 청소년문화광장에서 펼쳐지고 예선을 거친 7개의 팀과 전년도 우승팀이 함께하는 본선의 배틀은 전북대 삼성문화회관에서 8강전, 4강전, 결승전까지 토너먼트 방식으로 진행된다.

한국의 로트렉, 손상기孫詳基의 전주시대

　70년대 중후반 전주에서 시를 쓰고 그림을 그리던 사람들은 꼽추화가를 기억한다. 초등학생 키를 가진 손상기는 한성호텔 너머 객사 뒤쪽에 자리한 고사동 옛날 이약국 이층에 '공간화실'을 열었다. 현재 '섹시쿠키'라 이름한 속옷 가게 이층이다. 손상기는 여기서 학생들을 지도하고 그림을 그리며, 춥고 가난하던 손상기의 전주시대를 열어간다.

　미술평론에 일가견을 가진 한국일보 문화부장이었던 박래부는 손상기평전 『39까지 칠한 사랑과 절망의 빛깔』에서 그의 고통을 이렇게 표현한다. '자유스럽게 자라고 싶다', '맘대로 팔을 들어 흔들고 싶다', '새와 얘기도 하고 싶다', '감기가 떨어질 날이 없고, 고막이 없어진 지도 아주 오래야!', '쉼 없이 가까스로 뻗었던 팔 다리를 모두 잘려 유혈이 낭자하니 어이하나.' 그는 자라지 않는 키와 반대로 전주에서 그림으로 쑥쑥 자라는 나무였다.

나는 한 그루의 '자라지 않는 나무'

어디선가 사랑스러움을 가득 안고

예쁜 아이가 나타나 무럭무럭 자라게 하였네.

(중략) '고뇌하는 나무'가 되어도

굳센 의지를 잃지 않고

영원을 위해 노력하고 있었네.

– 손상기, 「고뇌하는 나무」

후배 화가 오우석의 증언에 의하면 화가 손상기(1949~1988)는 여천군 바닷가에서 가난한 어부의 아들로 태어나 초등학교 때 능목(철봉)에서 떨어져 뼈가 휘었다. 자라면서 폐를 비롯한 장기의 압박이 심해 단신의 신체적 결함을 평생 지니고 살았다. 그래서 손상기를 두고 요절한 프랑스 인상파 화가 툴루즈 로트렉이나 구본웅 화가와 겹쳐서 이야기하는 사람들이 많다.

손상기는 9년 만에 초등학교를 졸업하고 스무 살에 여수상고에 미술특기생으로 입학하여 전국의 학생 미술대회를 석권한다. 1973년 스물다섯의 나이에 원광대학교 미술교육과에 입학한다. 그는 학비를 벌기 위해 익산(당시 이리) 중앙동 농협골목에 레몬화실을 열고 학생들을 가르쳤다. 당시 화실은 아틀리에이자 미술학원이었던 것. 지금은 중진으로 활약하는 한국화가 송만규나 박연숙이 이 화실에 드나들었다.

1975년부터는 전주 고사동으로 작업실을 옮긴다. '공간화실'은 반을 베니아판으로 막아서 생활공간으로 쓰고 반은 화실로 썼다. 1976년 전국 규모 구상전에 출품해 입상한 작품 '자라지 않는 나무'는 자신의 신체적 결함을 은유적으로 표현한 대표작

이다.

　장애와 달리 쾌활한 성격이지만 손상기는 술을 마시지 못했다. 대신 입에 담배를 물고 살았다. 그는 화실에서 멀지 않은 홍지서림과 민중서관을 이용해 많은 책을 사들였고 열심히 책을 읽었다. 그리고 골똘히 명상에 잠겼고 좋은 글귀를 화실에 걸었다. 자신이 그리려 하는 이미지를 캔버스에 옮기기 전에 작은 종이에 글을 써서 걸어놓고 붓을 잡았다.

　화실에 드나드는 학생들은 그가 걸어놓은 글을 통해서 화가가 오브제를 재현하는 것만이 능사가 아니라 자신의 생각을 투사하는 것이란 걸 배웠다. 그의 화실은 많은 학생들로 넘쳐났다. 화가 오우석은 말한다. "학생들이 의자에 앉아서 그림을 그리면, 그는 서서 지도했다. 그런데 그가 서 있는 눈높이와 앉은 학생의 눈높이가 같으니 최고의 지도가 되었다."

　한성여관 뒤에는 저렴한 음식점과 여인숙들이 있었다. 그와 화실을 같이 썼던 이철재 화가의 증언에 의하면, 그는 한겨울 추위가 오면 근처 싸구려 여인숙으로 거처를 옮겨서 겨울을 났다. 지금 스포츠의류를 파는 리복이 있는 자리였다. 손상기는 1975년과 이듬해 구상전 주최공모전에 연거푸 입상하고 1976년 〈실향〉이란 작품으로 전라북도 미술전람회에서 특선 한다. 1977년에는 지금의 가족회관 자리에 있던 공보관에서 자신이 가르치는 학생들의 작품을 모아 '제1회 공간화실 습작발표전'을 연다. 그해 폐결핵으로 전주예수병원에 입원 하지만 퇴원 후 전라북도미술전람회에 〈동구–향곡〉이란 작품으로 다시 특선에 오른다.

　손상기는 대학을 졸업하고도 전주에 남는다. 풍남문과 가까운 파고다 한지 옆 중국집 이층으로 화실을 옮긴다. 그는 여기서 학생을 지도하면서 전주 시인들의 시화전 그림을 학생들과 함께 그렸다. 거기서 손상기는 운명의 여인을 만난다. J여고 3학년 여학생을 만난 후, 그는 서울로 자리를 감춘다. 1978년이었다. 이 시점에서 전주 그의 화실에 있던 많은 그림들이 소실되었다. 여인은 사랑하는 딸을 낳고 일본으로 건너간다. 고통 속 그는 아현동 지하셋방에서 〈공작도시〉, 〈시들지 않는 꽃〉 연작 시리즈를 쏟아낸다. 죽도록 그림을 그리고 중앙미전, 국전 등에 꾸준히 입상하면서 샘터화랑에서 개인전을 연다. 불꽃의 시절이었다.

손상기는 1980년대 가장 주목받는 젊은 작가로 떠올랐다. 판자촌과 홍등가 쇼윈도 여인들, 생선 파는 아줌마 등 도시의 뒷골목과 변두리 삶을 담아낸 '공작도시' 시리즈는 소외된 사람들을 향한 그의 사회의식을 보여주고 있다. 그러나 그의 그림은 결코 어둡지만은 않았다.

손상기는 "좀 쉬어가며 그림을 그리라"는 오우석의 말에 "나는 길어야 40까지밖에 살 수 없다는 사실을 잘 안다. 그래서 나는 남들보다 더 많이 그려야 한다."고 말했고 실천했다. 1988년 2월 11일, 전성기라 할 서른아홉 나이에 손상기는 폐울혈성 신부전증으로 그의 그림 제목처럼 〈영원한 퇴원〉을 한다. 텅 빈 침대에 지팡이 하나를 그린 그림이었다. 자라지 않는 나무는 곧 그 자신이었다.

사후, 이성부 시인은 "손상기의 그림에서는 어둠이 빛을 발한다. 슬픔도 보석처럼 단단하게 반짝거리고 있다"고 평했다. 손상기는 죽어서 더 빛났다.

공작도시-자라지 않는 나무(1985)
국립현대미술관 소장(유족기증)

전주의 위엄, 객사

　전주를 전주답게 하는 데는 객사가 있기 때문이다. 전주시 중심가인 충경로(관통로) 북편에 자리한 객사(보물 583호)는 풍남문과 함께 전라감영의 위엄을 상징하는 건물이다. 기둥은 굵고 마루의 판자는 튼튼하다. 지붕의 기와는 전주가 왕조를 탄생시킨 도시라 하기에 손색이 없다. 객사는 '객관'이라고도 하는데 단순히 공무원들의 여행숙소가 아닌 또 하나의 대궐이었다. 요즘 식으로 쉽게 말하면 청남대 같은 기능에다 중앙의 관리 등 외부에서 오는 손님을 접대하는 연회공간이기도 했다.
　전주부성 건물배치의 중심은 객사였다. 풍남문에서 반듯하게 북쪽으로 길이 나 있고, 이 길이 동문과 서문을 연결하는 도로와 만나 전체적으로 'T'자형 가로를 형성하고 있는데, 이 'T'자형 가로 위에 객사가 배치되어 있다. 객사는 전주부성의 중심을 이루고 그 앞쪽으로 좌편(서편)에 전라감영, 우편(동편)에 전주부영이 위치했다.

명明재상 주지번과 송영구의 의리

객사 메인 홀에 걸려 있는 유려한 초서체의 '풍패지관豊沛之館'이란 현판은 사이즈나 글씨체가 잡것들 고개를 못 들게 만드는 힘이 있다. 풍패란 한漢나라를 건국했던 시조 유방의 본향을 이른다. 조선왕조 발현지로서의 전주는 건국시조 이성계의 본향이기에 객사를 풍패지관이라 이름했던 것. 당연히 전주 이씨의 시조인 이한의 묘역인 조경단과 위패를 봉안한 조경묘 그리고 풍남문까지 있으니 왕조 발상지 풍패 종합세트가 갖춰지는 것이다.

객사는 지방관들이 서울에 있는 임금을 향해 망궐례望闕禮를 행하는 곳으로 왕궁 대행의 의미가 있었으니 당연히 부성의 핵심공간이다. 객사 메인홀 북쪽 중앙벽감에는 왕의 상징인 '궐闕'패를 모시고 초하루와 보름을 말하는 삭망朔望 때, 혹은 국가의 대사날에는 분향의 예를 거행했다. 또 관찰사(도지사)나 부윤(시장) 등 지방 고관들이 부임할 때는 먼저 객사에 들러 예를 올렸으며 이밖에 조명을 띠고 내려오는 칙사도 이곳에 머물러 교지를 전하였다.

객사 편액 글씨는 기운이 차고 넘친다. 누가 쓴 것일까? 대문장가인 명나라 재상 주지번朱之蕃이 그 주인공. 조선왕조실록에는 그에 대한 이야기가 나온다. 1606년, 공식외교 사절단의 최고책임자인 정사正使 주지번 일행의 조선방문에 국왕인 선조가 교외까지 직접 나가 맞이하였다는 기록이 그것이다. 대국 재상 주지번은 여독 풀 시간도 없이 먼 길을 달려 전라도 전주를 방문한다. 왜? 자신이 중국에서 고시준비생으

객사를 찾은 소설가 이병천, 시인 김용택, 필자 신귀백, 영화감독 진모영 부부

로 힘들 때 자신의 멘토가 되어 준 조선의 외교관 송영구의 은혜에 보답하기 위한 이유에서였다.

플래시백하자면, 표옹瓢翁 송영구宋英耈(1556~1620)는 1593년에 송강 정철의 서장관書狀官 자격으로 북경에 간다. 거기 영빈관 숙소에서 급사 노릇을 하면서 과거시험을 준비하던 청년 주지번을 만난다. '백락일고 伯樂一顧'라 할까? 송영구는 주지번의 싹수를 알아보고 과거시험의 답안 작성 비법과 서책 그리고 생활비까지 손에 쥐어준다. '밀리언달러 베이비' 주지번은 표옹을 만난 지 2년 후에 명나라 과거시험에 수석으로 합격한다.

1606년, 의리의 사나이 주지번은 명나라 외교사절의 대표로 조선을 방문하고 성주목사를 지낸 송영구를 찾는다. 북경의 영빈관에서 만났던 때부터 헤어보면 13년 만의 만남이었다. 주지번은 이 때 엄청난 크기의 붓을 휘둘러 '풍패지관'이란 편액을 남긴다. 글자 한 자의 세로 길이가 1.79m, 4자를 합친 가로 길이가 4.6m에 이르니 역작이다.

주지번은 조선에 올 때 희귀한 책을 선물로 가지고 왔다. 물론 일생일대의 은인이자 스승인 표옹에게 드릴 선물이었다. 80권 가까운 책들은 나중에 규장각에 보관된다. 허난설헌의 시가 북경의 선비들에게 소개된 것 역시 주지번이 허균을 만나고 허난설헌의 시에 매료되어 중국에 가지고 가서 알린 것이라 하니 매력과 의리의 사나이라 할 것이다.

외지인과 전주 사람의 구별법

'풍패지관'은 여러 건물들이 자리한 큰 규모의 객사였으나 지금은 주관 건물과 수직사守直舍만 남아있다. 전주객사는 해방이 되면서 서쪽광장이 경찰학교로 쓰였으며 1947년에는 '명륜대학' 교사로 이용되었는데 바로 전북대학교의 전신이다. 1962년에는 도공무원교육원으로도 사용됐다. 객사 우측엔 백화점과 극장이 자리 잡고 그 뒤엔 여관과 술집 찻집이 즐비했으니 도시의 중심이었다.

객사는 이제 왕을 모신 곳이 아니라 젊은이를 위한 전주의 중정中庭이다. 전주 사람들은 마땅한 장소가 생각나지 않으면 "객사 앞에서 보자, 잉"할 정도로 친근한 만남의 공간이다. 좌우 날개를 거느린 웅장한 객사 건물 마루에도 담 밖에도 젊은 데이트족들이 빼곡하다. 누가 전주 사람이고 외지 사람일까? 마루에 걸터앉아 셀카봉을 든 이는 외지인이고, 손전화를 들고 밖에서 기다리는 사람은 전주 사람이다.

날아가는 초서체의 현판 아래 전주객사에서 고풍古風만을 느낀다면 그건 한참 착오다. 루미나리에 천정 아랫길을 거쳐 객사 앞에 서 보라. 전주의 성형외과와 안경점과 패션점들이 충경로 건너편에 밀집해 있다는 것을 알 것이다. 객사 옆 골목이 객사길이다. 이름은 고풍스럽지만, 젊음이 물결치는 유행의 거리다. 화장품가게와 카페, 휴대폰점, 패스트푸드점에 노점들까지 즐비한 거리를 20대 전후 청년들이 음악에 휘감겨 쓸고 다닌다. 객사는 오래되었으나 객사길은 젊다. 걸을 만하다.

門西風俗

III
패서문에서 감영까지

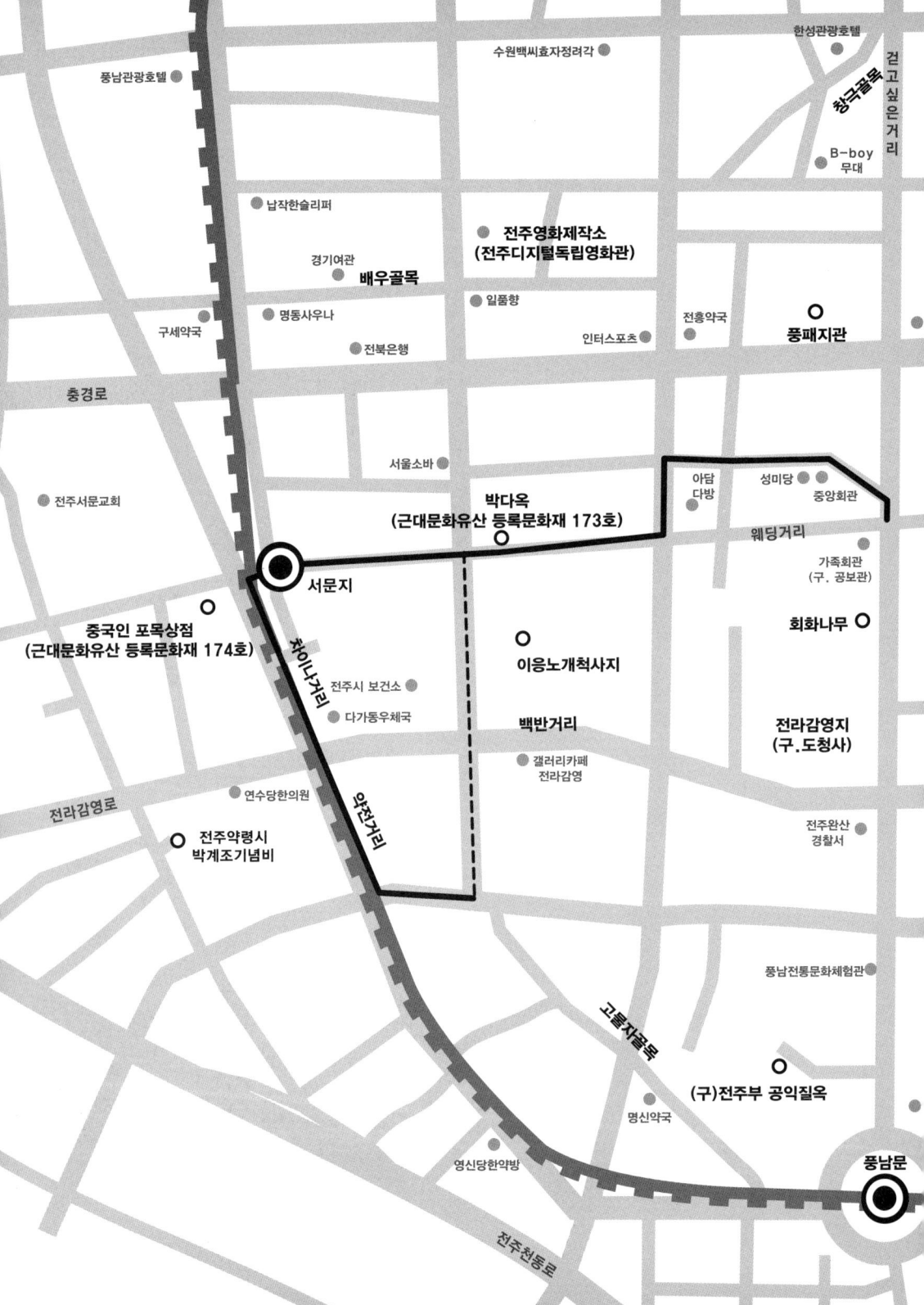

○ 여는 글

서세동점의 비정성시

서문밖장場은 자갈밭이었다. 조선인들이 여기 노점을 차려놓고 채소와 빗자루, 참빗을 팔 때, 캡을 쓴 일본인들이 서문 헐린 자리에 폴대를 박고 저쪽에서 깃발을 흔든다. 측량을 하는 것이다. 길이 나고 새로운 지번이 생긴다. 이리(현 익산)와 전주 사이에는 협궤열차인 경편철도가 놓이고 신작로에는 부성과 어울리지 않는 포플러가 심어졌다.

다가우체국과 서문자리에 이르는 길목에 조선인들은 초가지붕 아래 철공소나, 은방, 지전, 한약방을 열었다. 겨울 이 거리에는 약령시가 열렸다. 측량이 끝나고 길이 넓혀진 자리에 왜인들은 일본식 목조건물인 오카베를 짓는다. 서문거리에서 문방구나 고무신 장사와 일본에서 수입한 해열제로 일본인들은 상권을 넓혀간다. 헐린 서문 곁에 소방대를 지을 때, 중국인들도 서문 코앞에 포목상을 차리고 공동체를 형성한 거리를 만들어갔다. 동시대의 비동시성이었다.

일본인들은 헐값에 사들인 서문에서 우체국에 이르는 땅에 대정정大正町(지금의 웨딩거리)이라 이름을 붙인다. 전주의 배꼽자리에 조선식산은행 전주지점(현 산업은행 위치)이 들어서고 저 위쪽 동문길에는 전북 금융조합연합회라는 번듯한 건물을 짓는다. 이미 객사 옆에는 제국관이란 극장이 들어섰고 감영 자리에 양식건물의 도청이 들어섰다.

돌과 금속으로 치장한 모던한 서양식 건물은 밤에도 불을 밝히고 유성기에는 서양음악이 흘러나왔다. 서문거리는 은행과 중국집, 양품점과 양장점, 양복점 등 양식동네가 되자 양복쟁이는 자전거를 타고 기생들은 인력거를 타고 다녔다. 버젓이 하오리와 기모노 차림에 게다를 신은 여인들이 지나갔다. 조선인을 위한 나라는 아니었다.

식민지는 밤보다 길었다. 성이 헐리고 신작로와 함께 찾아온 식민생활은 서문에서 우체국에 이르는 길을 번잡과 변화의 근대로 초대했다. 현제명은 서문교회를 오가며 희망의 나라를 생각했을까? 그가 전주아가씨와 결혼을 하고 미국으로 떠날 즈음, 화가 이응노는 간판집을 하면서 전주 어른들과의 교류를 이어간다. 극장과 레스토랑이 어줍잖은 근대를 보여줄 때, 도둑처럼 해방이 찾아왔고 전쟁이 터졌다. 일본인이 물러간 터에 미군이 공보관을 짓고 미국영화를 상영했다. 그래도 위안이라면 피란 온 배우들과 작품이 되는 그림을 팔지 못한 화가출신 감독은 전주에 영화의 씨앗을 뿌렸다.

동서로 이어진 웨딩거리는 전주라는 내면적 시간이 전통, 근대, 탈근대가 중층적으로 병존하고 있음을 알 수 있다. 두 차례의 전국체전이 열리면서 팔달로와 관통로가 생기는 동안 풍년제과 센베이를 먹고 홍지서림에서 책을 사며 청년 시절을 보냈다. 부래옥에서 아이스케키로 여름을 난 전주의 중산층은 경전라사에서 새 양복을 맞추고 이시계점에서 패물을 구입하고 객사 옆 신혼예식장에서 결혼식을 올리면서 이십세기 후반기를 살았다.

1907년 이전의 패서문이 중앙에 보이고,
왼쪽 원 안으로 풍패지관과 조산(造山)의 모습이 선명하다. 개인소장. ⓒ 종걸

서문을 중심으로 형성된 외래상가들.
왼쪽이 본정거리(현 차이나거리). ⓒ 전주역사박물관
오른쪽이 대정거리(현 웨딩거리). 개인소장. ⓒ 종걸

세 자루의 칼

화교華僑들은 세 개의 칼刀(가위)을 가지고 조선반도에 진출한다. 그 하나는 단발령 이후 머리카락을 자르는 가위이고, 또 하나는 비단장수 왕서방이 사용하던 포목 가위였다. 그리고 식당에서 야채 써는 칼을 쥔 사람들은 청요리집으로 부를 축적해갔다. 전주에 진출한 화교들의 상당수는 1940년대 후반, 구 다가동(그전에는 청석동)파출소 일대에 모여 한의원과 포목집, 솥을 만드는 주물공장, 중국음식점 등의 점포를 운영하면서 생활해왔다. 당시에는 화교들이 많아서 전주화교학교가 1947년 개교했지만 지금은 거의 폐교 상태다.

전주시는 1996년 물의 도시인 중국 쑤저우蘇州시와 자매결연을 체결하고 2003년에는 화교소학교와 중국인 포목상점에 가까운 다가동 일대 250m 구간을 차이나거리로 조성한다. 거리 입구에 중국식 현문과 가로등을 붉은색 용머리로 장식하였지만 사람들이 그리 많이 모이지 않는다. 그래도 가깝게 진미반점과 홍콩반점이 있어 그나마 먹거리라도 유지되는 편이다.

근대문화유산 제174호 다가동 중국인포목상점

화교들은 돈 되는 곳에 자리잡는다. 야채 칼을 쥔 사람들로 대표되는 화상들은 전주 근교에서 야채밭을 경작하면서 중국음식으로 돈을 벌었는데 그들만의 채소 경작 기술은 독특했다. 그들은 한겨울에도 야채와 부추를 들고 와서 남부시장에 내다 팔았다. 그들은 요즘 말로 비닐하우스 농법을 알고 있었다. 화교들은 절대로 조선인에게는 이 농법을 공개하지 않았다.

현재 쇠락한 중국인거리는 젊은 작가들에 의해
다시 시간의 켜가 깊어가는 모습이다.

가위를 쥔 포목상들은 전주에서 많은 부를 축적했다. 중국비단가게는 일본인들과 전주 상류층만이 드나들 수 있는 곳이었다. 명절날 해 입는 한복과 결혼식에 맞추는 한복감을 팔던 비단집들은 사라져갔지만 아직도 그 흔적이 남아있다.

당시 전동성당을 쌓았던 중국인들이 붉은 벽돌로 지은 근대문화유산이 그것. 이 건물은 등록문화재 제174호로 '전주 다가동 중국인포목상점' 혹은 그 형태 때문에 삼합원三合園으로도 불린다.

근대문화유산으로 지정된 이 건물은 여덟 개의 돌기둥 사이로 아래는 붉은 벽돌, 위쪽은 하얀 페인트로 칠해졌다. 1920년대 중국 상하이의 전통 비단 상점의 모습을 본 뜬 것이다. 대대로 포목점을 운영했던 이 건물은 한동안 붉은 벽돌 위 붉은 간판을 자랑하는 신흥반점이란 간판이 달렸었지만 이제는 이발소와 인쇄소 간판이 붙어있다. 비단가위가 머리카락을 자르는 가위로 변해버린 얄궂은 운명이랄까? 중국식 벽돌담장은 세월의 때가 묻어있는데 그 옆의 실사출력물 간판은 그야말로 짬뽕이다.

전동성당의 벽돌

아름답다. 전통의 도시에 우뚝 선 전동성당은 붉은 벽돌 사이사이에 회색벽돌들이 붉은 빛이 주는 위압감을 덜어주며 깊이를 더한다. 성당의 주춧돌은 천주교 박해 때 순교자들의 피가 묻은 풍남문 주위 성벽의 돌들을 사용했다. 1908년, 당시 조선은 벽돌건축 기술이 부족했다. 하여, 경상도 전라도 지역 관장 초대주교 드망즈 주교는 북경의 건축기술자 강의관을 초빙한다. 5명의 목수와 100명의 석공들은 풍남문 바깥 공터에 가마를 설치하고 65만 장에 이르는 벽돌을 찍어낸다.

3년 넘게 걸린 지난한 작업이었다. 당시 이런 벽돌을 찍을 수 있는 기술은 중국인 석공들만이 가능했고 이들 중국인들은 대구의 계산성당 등 한국의 유명한 서양식 건물을 지은 선수들이었다. 익산의 나바위성당과 1921년 호남평야의 젖줄인 만경 일대에 농업용수 공급을 위한 고산천 대아리 댐 외벽 석축공사에도 중국인 공장들은 그 흔적을 남겼다.

전동성당을 지은 공장들이 아마 화교 1세대일 것이다. 이들은 1910년 전후 전주 근대사에 한 부분을 차지하고 있지만 전주의 화상華商들은 벽돌공과의 선조연계는 부정한다. 주로 전주에서 중국음식점을 운영한 분들은 대개 산동성 출신이고 자신들은 부르주아 계급이었음을 자랑하는 측면도 없지 않다. 벽돌공들은 조선의 다른 지역 건축을 하면서 흩어지거나 중국으로 돌아갔고 조선인들과 결혼한 사람들은 많은 수가 귀화한 것으로 보인다.

패서문에서 감영까지

음악가 현제명과 서문교회

서문은 풍패의 '패'자를 따서 패서문沛西門이라 하였다. 지금은 중국인 거리의 붉은 문과 함께 옛날 다가동파출소에 멀지 않은 곳에 붉은 벽돌의 서문교회가 있다. 여기 오래된 종탑은 음악가 현제명玄濟明(1902~1960)이 이곳 예배당에서 음악을 가르쳤다는 사실을 기억한다.

'해는 져서 어두운데 찾아오는 사람 없어 밝은 달만 쳐다보니 외롭기 한이 없다.' 〈고향생각〉과 〈그 집 앞〉, 〈희망의 나라로〉를 작곡해 이름을 떨친 현제명은 원래 대구사람이다. 평양 숭실대학 출신 현제명은 신흥학교에 영어와 음악 교사로 부임한다. 자연스레 서문밖교회에 출석한 현제명은 타고난 미성으로 예배 때 찬송을 인도한다. 스물 셋의 훤칠한 이 경상도 사나이는 14명의 청년 찬양대를 조직하여 피아노 반주에 맞추어 신식 찬송가로 교인들의 마음에 꽃을 심는다. 판소리의 고장에 울려 퍼진 기전학교 교사인 Crane Janet 여사의 피아노 반주와 서양식 찬송가는 전주 교계나 일반 사회의 새로운 눈뜸이었다.

현제명은 전주서문밖교회 주일학교 소녀 12명을 선발하여 '전주서문

밖교회 소녀 가극회'를 조직하고 음악과 연기를 가르치면서 직접 연기에 참여한다. 이 가극회가 공연한 〈한네의 승천〉, 〈구두쇠 스크루지의 회개〉는 교회 안에서만이 아니라 전주와 이리, 군산의 극장에서도 공연하여 크게 성황을 이루었다고.

서문밖교회는 문화운동에 뜻을 둔 젊은이들이 많았다. 현제명은 당시 신흥학교 교사 정우석 시인 등과 『숨은 노래』라는 동서 애창 명가곡집을 번역하고 등사판으로 발간하여 아름다운 노래 부르기 운동을 전개하였다. 그는 당시 전주유치원 교사이자 장로의 딸인 전주 아가씨 양신선梁信善과 결혼한다.

1927년 현제명은 음악공부를 위해 미국 유학을 떠난다. 시카고 무디 성경학교에서 음악교육을 이수하고 10년 만에 고국땅을 밟는데, 귀국 후 조선음악가협회를 창설하는 것까지는 좋았다. 그 해 현제명은 조선총독부 학무국이 주관한 조선문예회 정회원으로 가입하고 독립계몽단체인 수양동우회 사건으로 체포된다. 이 사건 이후로 친일 성향의 단체인 대동민우회에 가입하면서 걸어선 안 될 길을 걷게 된다. 특히 찬양 일색인 '후지산을 바라보며'의 작곡자로 드러나면서 결국 친일인명사전에도 그의 이름이 올라 있다. 구로야마 즈미아키玄山濟明가 그의 일본식 이름이다. 오가며 서문교회를 지나노라면 그래도 현제명이 생각난다. 안타깝다.

전주 깊이 알기

신사참배와 서문교회

전라도의 어머니교회인 서문교회는 서문 밖에 있다. 신흥학교 학생들과 젊은 지도자들이 3·1운동을 모의 거사한 중심이며 일제 때 창씨개명을 거부한 몇 안 되는 자랑스러운 역사를 가진 교회다. 1937년 1월부터 일제의 신사참배의 위협이 본격화되자 서문밖교회는 신흥과 기전학교의 앞날을 위하여 특별기도를 한다. 신사참배 강요를 거부한 신흥과 기전 두 학교가 폐교된 지 9개월도 못되어, 제32회 전북노회는 각 교회의 목사 27명 중 24명, 선교사 7명 중 4명, 장로 103명 중 97명 등 모두 125명이 회집하여 신사참배를 결의하였다.

다이쇼마치의 왜풍

　갑오동학혁명에 이은 청일전쟁 후 일본이 득세하자 1897년 전주에도 일본인 상인 두 명이 나타났다. 서양선교사들도 다녀가는 판국이니 그리 이상한 일은 아니었다. 야마구치현 출신의 이노우에井上와 모리나가守永는 전주부성 안에는 살 수 없었기에 서문 밖에 집을 짓는다. 이들은 행상으로 서문과 남문시장에서 사탕과 거울 같은 공산품과 '세구지름(석유)' 등을 팔았다.

　1905년 통감부 설치로 침략이 본격화되면서 1907년 일본인들은 전주 군산 간 첫 신작로를 내기위해 성벽을 허물기 시작했다. 3년 후, 1,432명으로 불어난 일본인들은 관리와 목공, 잠업인, 중개인 등 다양한 직업으로 서문 방향부터 파먹고 들어오기 시작했다.

　일본인들은 일본식 목조가옥인 오카베를 짓고 공산품을 팔기 시작했다. 중국인들이 번듯한 붉은 벽돌집을 짓고 포목과 비단장사를 시작할 때, 측량기사가 깃발을 꽂은 뒤 얼마 지나지 않아 땅파기가 시작되었다. 흙이 아닌 콘크리트와 돌과 타일로 집을 지어 가는데, 어라, 납작

지붕에 처마가 없는 3층짜리 집이 들어섰다. 당호나 주련은커녕 굴뚝도 안 보이는 3층 양옥건물은 유리창이 많았고 밤늦도록 전기불을 밝힌 집이었다.

화산동의 양풍洋風 선교사촌 건물과 전동성당 중간쯤에 위치한 이 서양식 3층 건물에 '박다옥博多屋'이라는 이름이 붙는다. 관館자가 붙으면 요정이고 옥屋자가 붙으면 식당 아닌가. 일본을 대표하는 음식인 우동과 소바를 파는 현대식 레스토랑은 양복쟁이 신사들과 기생들이 드나드는 서문거리 모던의 상징이 되었다.

일본인 상가가 조성된 대정거리의 당시 박다옥(사진에서 왼편 서양식 건물)

등록문화재 제173호, 박다옥

西門風俗

전주의 근대건축물 중 넘버원은 단연코 전동성당이고 넘버 투가 박다옥이다. 서문거리에서 서양식으로 지어진 산뜻한 3층짜리 이 건물은 지붕과 연결되는 정면 최상층부 삼각형의 페디먼트 pediment가 독특해 모던 건축의 상징이었다. 건물 중앙 위쪽의 석재 장식의 넝쿨무늬가 섬세한데, 가운데 위치한 마치 N자 모양의 마크는 후일 남선전기 회사의 로고로 보인다. 당시 3층은 전주부성이 부감되는 스카이라운지였을 것. 20년대에 세워진 모더니즘 풍 이 건물의 지붕을 이은 트러스트 구조와 중간 바닥이 매우 견고해 새마을금고 리모델링 공사 당시에 콘크리트를 뚫는 데만 이틀이 걸릴 정도였다고.

이 건물은 실제보다 사진이 제법 우아하게 나오지만 백년 가까운 세월을 탄 덕에 내부로 올라가는 계단은 조금 삐걱거린다. 대지 76평 건평 60평의 사이즈로 바닥이 원래 나무인데 층 사이 슬래브 건물인 박다옥은 당시의 건물로서는 파격적일 수밖에 없었을 것으로 보인다. 중앙동2가 46번지에 위치한 박다옥은 1929년 1월 등기가 난 것으로 되어있지만 1919년에 오픈했다는 증언도 있다.

한국전쟁 중 거리 폭격이 있었지만 이 건물은 전혀 손상을 입지 않았다. 1954년, 리모델링되어 '용궁탕'이라는 목욕탕으로 변신하여 아침에 목욕할 수 있는 목욕장으로 개장한다. 이후 서울신탁은행, 새마을금고로 용도를 바꾸어 사용하다가 지금은 한복집과 정장양복 맞춤을 하는 가게가 들어서 있다. 이층에는 모 학교 동창회사무실로 사용하고 3층

에는 어르신들이 한가하게 댄스하는 공간으로 활용되고 있다.

일본 경찰서장 관사였다는 전주 경성게스트하우스, 군산의 고우당, 전남보성의 벌교여관 등은 이제 유명한 스테이로 자리매김하고 있다. 여기 박다옥은 그런 용도보다는 근대문화역사관이나 박물관으로 활용해 보는 것이 어떨까.

상단 흑백사진은 1931년 전주상가도에서 발췌한 당시의 박다옥

이응노 화백의 청년시대

한국인이 서양에서 화가로 이름을 알리기 위해서는 서구적 표현양식만으로는 그 존재를 드러내기 어렵다. 그의 핏속에 흐르는 DNA 속의 자기정체성에 대한 표현이 있을 때 그들에게 울림을 줄 수 있을 것이다. 〈문자추상〉과 〈춤추는 인간 군상〉 그림으로 명성을 떨친 고암 이응노顧菴 李應魯(1904~1989) 화백은 20대의 8년간을 전주에서 보냈다. 그의 전주 시절을 소개하는 신문기사가 있다.

> 본적을 충남 홍성에 두고 전주 팔달정에서 개척사라는 미술 간판업을 경영하는 청년화가 이응노(30) 군의 개인전람회를 오는 11월 12일 전주공회당에서 개최하리라는데 동 군은 일찍이 17세부터 해강 김규진 씨의 문하에서 오랫동안 동양화를 연구하야 수차 선전에 특선까지 된 청년화가라 한다. 그래 군의 예술을 아끼는 전주 유지 제씨의 발기로 전기와 같이 개최한다는데 일반은 다수히 관람하기 바란다고 한다.
> – 〈동아일보〉, 1933년 10월 11일자 기사

문자추상(1970년대)
대전이응노미술관 소장

19세에 고향 홍성을 떠난 청년 이응노는 경성에서 김규진金圭鎭에게 그림을 배우고 스무 살에 그린 청죽靑竹으로 제3회 조선전람회에 입선한다. 그림도 그림이지만 그는 먹고 살아야 했다. 그래서 전주로 내려온다.

이응노는 남문에서 서문에 이르는 전주읍 팔달정 26번지(현, 전라감영3길)에 개척사開拓社 라는 간판집을 연다. 당시 간판은 모두 한자로 표기된 만큼 뛰어난 글씨 솜씨는 간판집을 금방 궤도에 오르게 했다. 유일한 극장인 제국관의 간판 그리는 일 외에도 그는 돈 되는 일을 마다하지 않았다. 모던한 건물들이 들어서는 시점이라 건물 페인팅 작업도 꽤 큰 수입이 되었다. 체구는 그리 크지 않았지만 헌팅캡에 무릎까지 올라오는 스타킹을 신은 모던보이 고암은 당시 최고의 캘리그래퍼였을 것.

간판 일에 성공을 거둬 규모가 클 때는 페인트 공인 30~40명을 거느렸다고. 간판점은 지속적으로 그림을 그리기 위한 생계수단이었고 당시 간판업은 요즘말로 하자면 홍보디자이너라 말해도 손색없을 것이다. 그때 신사구락부라는 모임도 조직했고 개척사가 제법 큰 수익을 내자 간판집은 동생 흥로에게 맡기고 그림수업에 매진한다.

경기전 대숲이었을까? 이응노는 비바람 몰아치는 대나무 숲을 발견하고 전주한지에 대나무 그림을 그린다. 그 그림들은 풍죽風竹, 청죽晴竹, 분죽盆竹, 매梅 등 출품하는 그림마다 입상하면서 특선으로 이왕직李王職 상을 수상하여 실력을 조선과 일본에 과시한다.

이응노는 돈만 아는 장사꾼이 아니어서 호남일대 최고의 문화공간이던 학인당에 드나든다. 거기서 전북서화계의 거물로 한묵회를 운영한 효산 이광렬의 글씨와 사군자의 세계에 몸을 담갔다. '죽사'라는 호도 스승 효산이 지어준 것. 노수현 변관식 이상범과 함께 조선화단을 이끌며 선전을 휩쓸던 화가 묵로默鷺 이용우 李用雨와의 교분도 이응노의 그림을 살찌웠다. 그는 1938년 잘나가던 간판집 개척사를 정리하고 새로운 그림수업을 위하여 일본에 건너간다. 신문보급소를 경영하면서 가와바타그림학교와 혼고회화연구소에서 일본화법과 양화의 기초를 익히며 그림의 기량을 넓혔다. 동경 일본화원전에서 많은 입상을 하지만 그는 1945년 8·15광복 직전에 귀국한다.

〈동아일보〉, 1933년 10월 11일 기사

동백림사건과 전주교도소

중년의 고암은 분방하고 독특한 붓놀림으로 현대적 수묵화의 독자적 세계를 이어간다. 오십대 중반의 고암은 독일을 거쳐 프랑스의 파리에 정착, 그간의 수묵화 한계를 과감히 벗어난 서구 미학의 꼴라쥬collage 기법으로 파격적인 변신을 한다. 동양인으로서 서양의 미술을 흉내 낸 것이 아니라 전주 시절 익힌 동양적 표현정신과 서양적 기법으로 세계적인 화가로 이름을 떨친다.

1967년, 비극이 터진다. 고암은 동백림사건東伯林事件에 연루되고 만다. 중앙정보부가 간첩으로 지목한 인물 중에는 유럽에서 활동하고 있던 이응노와 작곡가 윤이상 등이 포함됐고 시인 천상병도 연루됐다. 6·25 때 월북한 아들 관계로 베를린에서 북한 공작원과 만난 것이 죄목이었다. 종북좌빨 혐의를 받은 관련자 34명에게 유죄판결을 내렸으나 대법원 최종심에서 간첩혐의로 유죄판결을 받은 사람은 없었다.

이응노는 약 2년간 옥고를 치렀고 1969년 사면되어 다시 파리로 돌아간다. 형무소에서 옥고를 치르는 중 그림 그릴 재료를 얻을 수 없자 끼니 때마다 밥알을 조금씩 떼어 모아서 소조 작품을 만들기도 하고 간장을 잉크삼아 화장지에 데생을 하며 안타까운 시절을 보냈다. 정말 안타까운 것은 그가 형무소 생활을 전주에서 했다는 점이다. 그 후 고암은 5.18 민중항쟁을 보면서 민중들의 봉기를 연상하는 군상을 많이 그린다.

전주 깊이 알기

파리에서 전주 최부자댁 아들을 만난 고암

고암은 파리 지하철역에서 유학생 최정호를 우연히 만난다. 최정호(1933년생)는 신문기자와 연세대 교수로 이름을 날린 전주 최부자집 아들이다.

다음은 고암과 최정호가 나눈 대화의 일부분이다.

"알지, 내가 자네 집에도 가끔 들렀어. 자네 집 사랑채에서 한묵회(翰墨會)가 열릴 때 나는 아직 한참 젊은 나이였지만 그림을 그린다고 해서 가끔 불러주셨지."

"전주에서 뭘 하셨는데요?"

"돈 벌었지. 일제시대에 전북 도립극장의 영화 간판 그렸어. 암, 내 20대엔 뻥끼쟁이(페인트장이)를 해서 돈을 벌고 그 돈으로 서른이 넘어 비로소 일본에 가서…"

[출처: 『신동아』, 2008년 12월호]

전주의 화점, 이창호 국수 생가

　전주의 배꼽 우체국 자리에서 서문西門에 이르는 웨딩거리 가운데 '이시계점'이 자리한다. 전주 사람으로 중앙동에 자리한 이시계점을 모르면 간첩이다. 70여 년의 역사를 지닌 오래된 금은방으로 전주에서 좀 산다 싶은 사람들은 아들 딸 여읠 때, 이시계점에서 패물을 맞추었다. 이곳은 바둑계의 돌부처 이창호李昌鎬국수가 나고 자란 집으로 바둑판으로 말하면 거의 '화점'에 속하는데, 누구는 바둑의 성지라고 말한다.

바둑의 정석, 이창호 스토리

　1975년 7월 29일 전주에서 출생한 창호는 전국 우량아 선발대회에서 2위에 입상하니 다섯집 반 '덤'을 갖고 태어난 셈이다. 창호는 전주의 부유층이 다니는 교대부속초등학교 입학한다. 큐브놀이를 좋아하고 수학을 유달리 좋아했으니 수읽기에는 타고난 셈이다. 거기다 이국수는 전주 중앙동 골목의 오락실에서는 기피대상 1호였다고 하는데 100원짜리 몇 개로 몇 시간을 보내는 초고수이기에.

　전주우체국 앞은 다방골목이었다. 현재 전주안과가 들어선 자리에 '설다방'이 자리했고 이층에는 '설雪기원'이 있었다. 설기원은 이시계점에서 좁은 골목길로 걸어서 담배 한 대 참 거리였다. 아마추어 5급 수준에 전주기우회 회장을 맡고 있던 창호의 할아버지는 손자를 자전거에 태우고 시내를 돌다가 기원에 드나들었다. 도끼자루 썩는 줄 모르고 할아버지가 끙끙대고 있던 바둑판을 보던 손자는 어깨너머로 훈수를 해 승부를 바꿔놓는데, 만 8살 때의 일이었다.

　손자는 이내 도끼 같은 투지력으로 할아버지와 할아버지의 적수마저 꺾는다. 몇 달이 지나지 않아 동네기원에 상대가 없어졌다. 바둑 입문 불과 1년 만인 1984년 1월, 어깨동무 어린이바둑대회 최강부 결승에서 창호는 일본출신 천재기사 유시훈을 꺾고 우승을 차지하게 된다.

　초등학교 2학년 때 전주에서는 적수도 스승도 없게 되자 이창호는 전주 출신 프로기사 전영선 7단에게 보내진다. '한 칸 뜀에 악수 없는 법'이란 격언대로였다. 때마침 일본에서 프로바둑기사 조치훈趙治勳이 대활약을 하며 온나라가 떠들썩하던 시절이었다.

　전영선을 거친 이창호는 바둑황제 조훈현 9단의 댁에서 숙식하며 배우는 '내제자'로 들어가 이론과 정석을 배운다. 설기원이라는 '귀'에서 시작해 전영선이라는 '변'을 거쳐 조훈현이라는 '중앙'으로 진입한, 말 그대로 '정석'이었다. 이창호를 프로로 만들기까지 이국수의 할아버지는 이 정석의 코스를 위해 2억 원 이상의 투자를 했다고 전해진다. 지금 화폐가치로 따지면 10억 원이 훨씬 넘는 거금을 아낌없이 투자한 신의 한 수 아닌 할아버지의 한 수였던 것이다.

1986년 7월 이창호는 초등학교 5학년 때, 바둑 입문 3년 만에 프로에 입단한다. 미생未生이 완생完生이 되는 순간이었다. 이후 1989년 8월, 14세 1개월 만에 바둑왕전에서 우승하는데 최연소 타이틀 획득에 41연승 신기록은 '사귀생에 통어복'이었다. 운명의 10월에는 스승 조훈현 9단을 꺾고 국수전에서 우승을 하는 기염을 토하자 바둑인들은 1990년 10월 10일을 두고 청출어람이라는 말보다 '쌍십절의 반란'이라고 이야기한다. 스승 조훈현보다도 그를 먹이고 재운 조훈현 부인의 마음은 더 쓰라렸을 것이다. 그래서 바둑은 일수불퇴다.

돌부처, 포커페이스, 바둑계의 불가사의, 안개 덮인 태산, 소년도인, 삼중허리, 신산神算 등 이창호에게는 무수한 별명이 있다. 이창호는 16세 때에 제3회 동양증권배 우승으로 1992년 세계 정상(16세 6개월) 최연소 세계 챔피언의 명예에 병역특례라는 덤까지 가져간다.

지금 이시계점 간판 옆에는 '세계 바둑황제 이창호 9단의 생가입니다'라는 안내판과 어마어마한 수상경력이 나열되어 오가는 이의 눈길을 끈다. 현재 이시계점의 원 주인인 이국수의 아버지는 서울로 이사했고, 2008년부터 새 주인 이평원 씨가 운영하고 있다.

105

패서문에서 감영까지

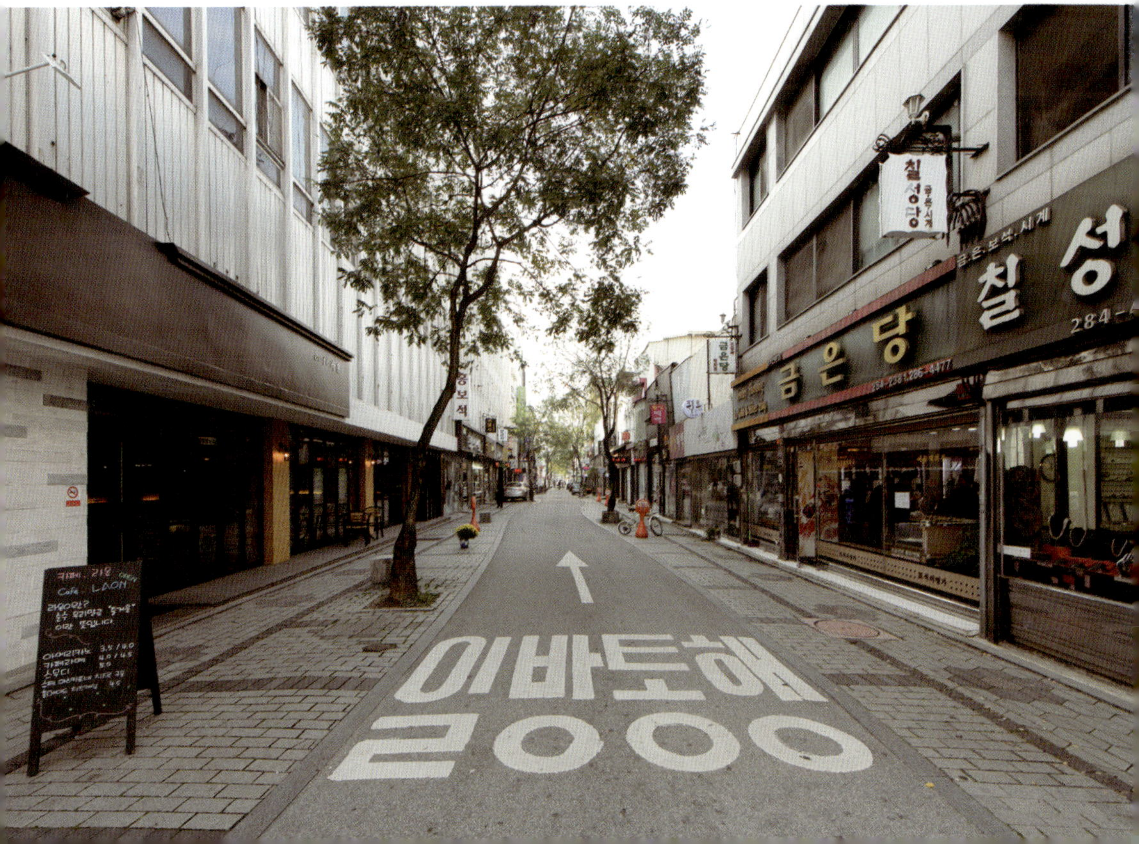

전주는 중국음식도 맛있다

'어머니는 짜장면이 싫다'고 하셨지만, 전주는 중국음식도 맛있다. 독특하다. 서빙하던 아가씨들이 많았던 다가동의 요정이자 청요릿집 '홍빈관'은 문을 닫았고, 졸업식이면 식구들이 모두 함께 짜장면과 탕수육을 먹던 풍남문과 팔달로 사이의 '아관원'도 사라졌다. 아관원의 전족을 한 예쁜 할머니와 전주 총각들의 마음을 설레게 한 중국인 주인 딸은 미국으로 갔다고 한다. 여기 아직까지도 중국음식의 거룩한 계보를 유지하는 중국음식점 세 곳 객잔의 맛을 보자.

만두객잔, 일품향

디지털독립영화관 곁에는 은행나무 한 그루가 도로에 돌출해 있다. 밀가루 로드의 만두객잔을 알리는 표지다. 거기 이 나무만큼이나 오래되어 향기를 내는 중국음식점이 있으니 '일품향一品香'이다. 그리 크지

않지만 60년 넘게 얇은 피에 속을 단단히 채운 만두 하나로 아이덴티티를 자랑하는 가게다. 메뉴판을 펼치면 만두 시리즈들이 맨 앞에 나와 있는 '일품향'은 한국전쟁 직후인 1952년 조흥발씨가 설립했다. 산동성 푸싼현이 고향인 창업자 조씨가 타계한 후 둘째 딸인 조충화씨가 대를 이어 운영하고 있다.

외지인들은 그저 만두가게려니 하지만 짜장면과 짬뽕도 맛이 있다. 블로그를 통해 만두의 포스가 알려진 이 집의 노릇하게 잘 튀겨진 군만두를 먹다보면 물만두도 시키게 된다. 특히 뜨겁게 막 튀겨 나온 일품향의 깐풍기는 양념치킨인지 깐풍기인지 알 수 없는 오묘한 맛을 낸다.

물짜장, 홍콩반점

웨딩거리 이층에 자리한다. 거참 이름도 독특한 홍콩반점은 1970년 문을 열었다. 산동성 용청龍城현이 고향인 사장 윤가빈씨의 부친은 바로 전주 중국집의 시조인 홍빈관 주인 윤전성씨였다.

쿡방 대세. 요즘 한창 뜨는 '물짜장'의 원조는 바로 홍콩반점이다. 윤

씨의 부친이 홍빈관을 운영할 때, 우연히 간장을 넣어 만든 물짜장이 손님들에게 인기를 얻으면서 중화요리집 메뉴에 족보를 올렸다. 이름 역시 그의 부친이 지은 것. 보통 다른 중국음식점에서 먹는 물짜장은 고춧가루를 넣어서 얼큰하지만, 홍콩반점의 물짜장은 간장을 넣어 만든다. 기름기가 많은 짜장면을 부담스러워하는 손님들을 위해 해물과 간장을 베이스로 해서 창작한 요리였다고 한다.

 달달한 보통 짜장면과 달리 이 집 밝은 색의 물짜장은 순하면서도 살짝 쏘는 뒷맛이 있다. 홍콩반점의 간판 음식인 물짜장은 인터넷 '먹방' 탓인지 요즘 들어 부쩍 잘나간다. 또한 매콤하면서 부드럽기에 한 이름 하는 고추간짜장은 매운 맛의 철학을 가르쳐준다.

된장 짜장, 진미반점

1964년 중국인 인국량씨가 개업했다. '시푸'에게 물려받은 제자 유영백씨가 1991년 인수해 한 자리를 지키고 있다. 배추를 다듬고 후라이팬과 불을 조절하여 자기만의 된장 짜장 소스를 만드는 유사장의 고향은 중국 산동성 연태시지만 줄포에서 자라다가 전주의 화교소학교를 다녔다. 이후 서울에서 성장했지만 누구보다 전주화교 역사를 잘 아는 산 증인이다. 전동성당 벽돌공 이야기와 관우를 모시는 관성묘에 대한 이야기도 구성지게 들을 수 있다.

진미반점의 대표음식으로는 깐풍 소스를 이용한 요리와 된장 짜장면이다. 한때 유 씨의 별명이 '깐풍'이라고 불릴 만큼 깐풍 소스 요리를 따라 올 사람이 없었다고. 부드럽고 느끼함이 덜한 진미반점의 짜장면은 다른 집에 비해 불그스레한 황색을 띄는데 이는 춘장에 미소된장을 반반 섞어서 쪄낸 뒤 갖가지 야채를 넣어 만들기 때문이란다. 취향에 따라 다르지만 조금 간간할 때 맛이 있다는 사람들도 있다. 진미반점의 최고 진미는 전 가족이 복을 받는다는 이름의 '전가복'이다. 해물, 송이, 전복이 들어가 값은 짱짱하지만, 돈값 맛값을 한다.

城心府中

IV

전주의 배꼽자리

전주의 배꼽자리

○ 여는 글

그들만의 화양연화花樣年華

전주에서 이리까지 철도가 놓이고 전통도시는 강제로 새로운 근대를 경험하게 된다. 감영 자리에 도청이, 부영 자리에는 시청사가, 북문에 가까운 곳 옛날 전매청 자리에 전주역사驛舍가 들어선다. 남에서 북으로는 전통과 정치의 공간이었기에 함부로 들어오지 못하고 식민지배자들은 서세동진의 모양을 취하고 상권을 넓혀나간다. 시청 옆에는 식산은행이 자리잡고 우체국과 박다옥 등 고전주의적 서양건축물들이 들어선다. 그들에겐 '화양연화'시절이었지만 백성들에게는 '비정성시'의 화려한 불빛이었다.

해방과 전쟁 이후 미국은 도청 뒤쪽 우체국 앞쪽에 공보관(미국문화원)을 설치한다. 지금의 가족회관 자리 이곳에서 전주 사람들은 헐리우드 영화를 본다. 1951년 늦가을 도청마당에서 야외영화를 보던 중 무기고의 로케트탄이 터지면서 도청 건물이 송두리째 날아간다. 전봉준 장군이 집강소를 열었던 선화당도 그때 무너졌다. 수많은 기록물들도 함께 사라졌다. 다시 새로운 도청사를 지으면서 선화당 앞을 지키던 회화나무는 콘크리트 벽에 갇혀 숨만 쉬며 키를 올렸다. 회화나무는 전주의 배꼽인데 엄벙한 근대는 비만의 콘크리트로 배꼽을 덮어버렸다.

전주 말고 정읍 고창 진안 부안 등 농촌에서 인구가 밀려왔다. 당연히 도시는 더 큰 길을 필요로 하게 된다. 계기는 전국체전이었다. 1963년 제44회 전국체육대회는 시청 자리를 잘라내며 팔달로를 열었다. 당시 시민들은 '12칸 도로'가 넓다고 데모를 할 지경이었다. 거기 구 시청 앞 지금의 IBK 앞에서는 전라북도 도로원표를 찾아볼 수 있으니, 중심이다.

우체국 앞에는 많은 다방과 음식점들이 들어서는데 특히, 비빔밥삼국지가 벌어졌다. 아직도 삼국지는 진행형이다. 전주에 살아본 사람이면 넘버원 장소로 옛 전주시청사 앞 '미원탑'을 꼽는다. 전주의 명동이었다. 흑백이던 시간들이 물러가고 1980년 다시 전주에서 열린 전국체전은 객사 앞에 충경로란 이름의 '광로'를 내었다. 탱크 몇 대가 교차할 수 있는 길이었는데 사람들은 그 길을 오늘도 관통로라 부른다. 객사 주위 전주백화점은 그새 참 많이도 이름이 바뀌었다.

도청과 시청 주위에 밥집이 많은 것은 당연한 일이다. 외부 손님들은 어째 이 맛이 안 날까? 하고 고민한다. 그대들의 아파트에 장독이 없기 때문이다. 냉장고 안 붉은색 플라스틱 통에 든 고추장과 초록색 통에 든 쌈장으로 맛을 내기는 쉽지 않은 법이다. 아파트 베란다에 늙으신 어머니가 챙겨준 '째깐'한 고추장독 작은 항아리 하나 정도는 있을 것이나 그 항아리에 시간이 깃들지 않았기 때문에 전주음식을 부러워하는 것이다. 장독 안에 고추장과 간장의 하얀 꽃들이 피는 시간을 기다리면서 전주의 물과 공기와 햇살, 솜씨, 맵시 그것까지 보고 배울 수 있을지는 다 당신들의 몫이다.

전주의 배꼽자리

전라감영의 북콘서트

　전라감영은 평양감영 다음으로 큰 사이즈를 자랑한다. 그도 그럴 것이 한반도를 먹여 살리는 곡창이 있는 생산력의 도시였으니 말이다. 전주는 전라남북도와 제주도를 포함한 56개 군현의 사회·문화·경제를 아우르는 조선의 행정중심도시였다. 성곽도시 호남제일성의 전라감영은 전주성내 객사 아래쪽에 자리하며 品자형의 왼쪽에 위치한다. 오른쪽은 부영府營 즉 전주시청이 자리했다.

　선화당은 사법권과 군권도 쥐고 있는 막강한 권력자인 종2품인 감사의 집무실로 요즘 말로 도시사 집무실이다. 선화당은 '승류선화承流宣化', 즉 임금의 은혜가 백성들의 몸에 흐르게 하고 임금의 덕을 널리 퍼지게 한다는 말에서 따온 말이다. 1894년 동학농민혁명 당시 선화당은 전봉준 장군에 의해 접수된다. 농민군은 폐정개혁 실시를 위해 전라도 곳곳에 농민의 입장을 대변하는 민중권력기관이자 지방자치기구인 집강소를 설치한다. 이를 총괄하기 위해 전라감사 김학진의 집무실인 선화당에는 집강소의 총본부 대도소大都所가 설치되기도 했다.

전라감영은 행정부 역할만 하는 것이 아니라 요즘으로 말하면 문광부 역할도 톡톡히 해낸 공간이었다. 부채를 관장하던 선자청扇子廳과 종이를 만드는 지소紙所와 책을 출판하는 인출방印出房에서 완판본 등 서적들을 펴냈으니 말이다. 또 전국에서 가장 권위 있는 기예마당이자 전국명창들이 다 집결하는 '대사습놀이'와 관련된 통인청通人廳이 있던 곳에서 소리와 춤이 펼쳐졌으니 말 그대로 '북콘서트'가 벌어진 곳이 바로 이곳이다.

전주대사습놀이는 오늘에도 면면히 이어져 소리꾼들의 등용문이 되고 있는바, 1993년 마흔 다섯의 나이로 출연한 충남 광천 출신 장사익은 공주농악 부문에서 장원을 하며 그 이름을 알린다.

전라감영은 전주 출판문화의 중심으로 50여 종의 책을 출판하였다. 전주는 완판본을 비롯하여 교육용도서와 생활참고도서를 출판한 기록문화의 도시인 셈이다. 전라감영 책판은 조선 말 이후 전주향교에 보관

하였는데, 현재 5,059개가 전북대박물관으로 옮겨 보관되어 있다. 완판본이나 대사습도 당연히 전주 사람들의 문화의식에 바탕을 둔 전통일 것이다. 오락도서를 즐겨 읽는 여성들과 서민층을 위한 펄프픽션인 방각본을 간행한 이 도시에서 최일남 양귀자 이병천 은희경 같은 뛰어난 소설가가 나온 것은 결코 우연이 아니다.

동학농민혁명 이후 전라감영은 전라북도만을 관장하는 행정기관으로 축소됐다. 일제는 1928년 선화당 주변에 번듯한 전북도청사를 짓는다. 거기다 일본상인의 성내 진출 증가와 전라감영 주변에 근대적 상가가 형성되면서 선화당 부근을 제외한 감영시설은 점점 사라지게 되었다. 1951년 가을 도청 마당에서는 야외영화 상영이 있었다. 전주에서 제작한 〈애정산맥〉을 상영하는 도중 인근에 위치한 경찰서 무기고가 폭발하는 참사를 빚는다. 많은 사람들이 죽거나 다쳤고 선화당 역시 사진 속에만 존재하게 된다.

전라감영 선화당부터 新청사 이전(以前)까지
전북도청사의 시대적 변화
(선화당-1920년대-1950년대-1960년대-
2015년 전라감영 복원 중)

선화당 회화나무

　옛 전라감영 선화당 터엔 수령 170여 년 된 회화나무 한 그루가 살고 있다. 경기전 사무실 우측에도 회화나무가 있다. 회화나무는 본래 중국에서 서원이나 궁궐에만 심었던 귀족목이다. 경기전과 전라감영에 회화나무가 심어졌다는 것은 이 장소의 높은 위상을 나타내는 증거일 것. 회화나무는 과거급제하면 바른 목민관이 되라는 의미로 임금이 하사하는 나무였고 회초리란 말도 사실 여기서 유래했다. 서양에서도 보통 스콜라나무라 한다.
　여기 이야기 한 줄이 전해 내려온다. 조선시대 전주에 사는 한 선비가 있었다. 죽도록 과거 공부에 매달렸으나 선비는 낙방하고 또 다시 고향으로 돌아오게 된다. 못난 선비는 객사에서 자결을 하고 죽어 그는 전라감영의 회화나무로 환생한다. 멀리서나마 객사를 바라보며 넋을 달래고 있다는 전설은 공부로 스트레스를 받는 요즘 젊은이들에게 의미심장한 이야기가 아닐 수 없다. 노량진이나 신림동에 회화나무가 있을지?

건물사이에 갇힌 회화나무

대구의 옛 경상감영 자리 또 충청도 해미읍성에도 꽤 유명한 회화나무가 있다. 대구 종로초등학교에 있는 수령 400여 년 된 큰 회화나무는 최제우 선생이 옥살이하다 생을 마감한 곳이라 하여 이름을 '최제우 나무'라고 붙였다. 우리가 흔히 말하는 남가일몽의 괴안국槐安國도 회화나무 아래에 있던 개미나라 이야기다.

겨울 달빛이 비치면 더 아름다운 이 나무는 지름이 3m, 높이가 17m가 넘으니 거인이다. 그런데 이분은 1951년 도청사가 신축되면서부터 도청의 건물과 건물 사이에 갖혀서 숨만 깔딱깔딱 쉬고 있었다. 갑오동학 때 선화당에서 집무하던 전봉준 장군을 뵈온 나무였던 이 양반이 최근 감옥에서 해방되었다. 전라감영복원 계획에 의해 2015년 4월부터 구 도청사는 철거에 들어갔다. 하루해가 중천에 있을 때만 가지를 뻗으며 감옥살이를 한 회화나무가 이제는 숨을 쉬고 가지를 넓게 펼칠 수 있으리라.

전주의 배꼽자리

멋진 당호, 풍락헌

아름다운 이름은 건축물의 가치를 높인다. 가치를 높인다고 마음대로 이름을 붙일 수는 없다. 경기전은 어진이 있는 장소, 왕이 거처하는 곳이기에 전殿이라 했다. 그래서 왕을 칭할 때 전하殿下라 한다. 당호를 붙일 때도 조심스럽다. 거창하게 붙이면 답답하고, 놀기 좋은 이름으로 붙이면 경박하게 느껴진다. 당호란 자신의 정체성을 드러내는 일이기 때문이다.

조선의 3대도시인 전주부府를 관장하는 청사인 전주부영全州府營은 감영의 반대편에 자리했다. 요즘 말로 시장이고 당시 언어로 판관의 집무처는 어딜 가도 동헌東軒이다. 동헌은 보통명사다. 그러니 편액에 동헌이라고 쓰지 않는다. 동헌은 현 IBK은행 그러니까 구 시청자리에 있었다.

전주판관은 급이 높았다. 관찰사가 전라도 전체를 돌아다니면서 전라도 행정을 맡아보아야 했기 때문에 판관은 중앙과 지방을 연결하면서 때로는 관찰사의 전횡을 견제하는 등의 업무를 수행하였다.

판관이 집무를 맡는 동헌에도 당호가 있다. 전주 동헌의 당호는 '풍락헌豊樂軒'이다. '재물이 넉넉하여 즐겁다' 혹은 '풍년을 즐거워하는 집'이라는 뜻을 가진 것을 보면, 전주는 전통지주도시요 조선을 먹여살리는 곡창의 중심부라는 것을 짐작할 수 있다. 영화 〈웰컴투 동막골〉에서 인민군 중좌 정진영은 평화롭게 사는 동막골 촌장에게 묻는다. "촌장님의 령도력은 어디서 나옵네까?" 촌장님은 간단히 한 말씀 하신다. "멀마이 믹여야지."

용마루의 선이 번듯하게 살아있는 한옥 풍락헌은 조선이 몰락한 후 전주군청으로 쓰인다. 1934년 식민지배자들은 현 IBK 자리에 2층 건물의 새 청사를 짓는데. 과거 미원탑이 또 전라북도 도로원표가 있는 자리다. 그 옆에는 판관의 가족들이 사는 내아가 있었으니 현 산업은행 자리다. 옛날 내삼문 서쪽으로는 관청을 드나드는 기생들에게 가무음곡을 가르친 교방敎坊이 있었고 그 서편에는 재인들을 관장하는 장악청掌樂廳이 있었다. 육방의 우두머리와 아전들이 일을 보던 작청은 동헌

1910년대 전후. ⓒ 종걸

우편에 자리했는데 현 팔달로 건너 전북은행 자리다.

일제는 판관의 집무실인 풍락헌을 민간에 매각한다. 이 건물은 완주군 구이면 덕천리로 이전되면서, 한 칸이 줄여진 모습으로 전주유씨 제각이 되었다. 재미있는 것은 일제시대 사진을 보면 풍락헌에는 '음순당飮醇堂'이란 당호가 걸려있다. 그 뜻을 음미해보면 '진한 술 한 잔하는 집'이란 의미 아닌가? 당호에 백성이나 나라를 섬긴다는 엄숙한 글귀보다는 삶의 여유를 나타내는 당호를 붙인 전주 옛 어른들의 널널한 마음씨가 따뜻하다.

당시 전주판관의 집무소였던 풍락헌이 아직도 남아있으니 기특한 일이다. 전주시는 전주유씨 종중으로부터 풍락헌을 인수하여, 원래의 모습으로 한옥마을 향교부근에 이전 복원하였다.

전주 미 문화원과 공보관

일본놈이 가고나니 미군이 들어왔다. 전주의 배꼽자리에 미 문화원 USIS, United States Information Service이 있었다. 1947년 6월 미군정 산하에 생긴 이 기관은 한국인들에게 미국과 미국문화의 우월성을 알리기 위해 전주를 비롯해 부산, 대구, 광주 등 각 지역의 거점 도시에 문을 열었다.

지금의 가족회관 자리에 둥지를 튼 미 문화원은 조악한 형태의 미군의 콘센트(반원)형 조립막사였다. 그래도 도서실, 영화관, 전시실 등을 마련하고 전주 시민들에게 바깥세상의 반가운 소식을 전했다. 사실 미군정의 효율적 홍보와 교육을 위해 만들어졌지만 미공보원의 선전 영화 상영은 새소식에 대한 욕구나 최소한 오락의 수단이 되었으니.

미 문화원은 자국에서 직수입된 영화를 무료 상영했기에 우체국 앞은 주말이면 성시를 이루었다. 토요일 오후, 선착순 입장이기에 영화 관람은 동네 꼬마들까지 혼잡을 이뤘으나, 중학생 이상만 먼저 입장할 수 있었다. 문화영화는 한글자막이나 한국말 더빙이 안 된 원판이라서 그림만 감상하는 무성영화에 가까웠지만 시민들로 넘쳐났다.

미 문화원 전시실은 전주에서 유일하게 미술, 사진 등의 전시가 계속되어 미술인들에게 제법 눈요기가 되었다. 음악감상회는 물론 미국에서 발간된 최신 간행물을 비롯해 전문 도서들을 무료로 열람할 수 있었기 때문에 지식인층이 애써 찾는 공간이었다. 미국의 대중문화가 한국인에게 이른바 '미국의 위대함'과 '풍요로움'을 알리는 미군정의 의도가 달성되었다고 믿어서 그랬을까? 1954년 7월 14일 전주 미 문화원의 폐쇄는 전주 시민들에게 허탈감을 안겨 주었다. 미 국무성의 예산 부족 때문이었지만 사전에 아무런 연락 없이 취해진 조처였다.

1950년대 전주가 한국 영화산업을 이끌던 시절이 있었다. 경찰의 선전영화 제작방향과 백도극장을 중심으로 한 영화인들의 열정 그리고 전주에 머물던 서울의 영화배우들이 비빔밥처럼 뭉쳐진 기저에는 미문화원의 영화상영 기능이 있지 않았을까?

하나 더, 서울 미국문화원점거사건을 기억할 사람이 많을 것이다. 이 사건을 소재로 한 영화 〈강철대오: 구국의 철가방〉이 촬영된 곳은 공보관 건물 바로 뒤편 옛날 도청사였다. 전주가 고향인 최동훈 감독이 700만을 동원한 영화 〈전우치〉도 구 도청사 이곳에서 촬영되었다.

공보관

미 문화원이 폐쇄된 이후 전라북도는 전시실과 영화관, 그리고 호텔 기능을 갖춘 도공보관을 건립해 문화공간의 역할을 대신했다. 시민들은 이 4층짜리 건물을 공보관 건물이라 했고 다목적 공연장이 있었다. 공보관 위에는 둥그런 전광판이 있어 새 소식과 광고문들이 빙빙 돌아가며 나타나는 것에 시골사람들이 보고 또 봤다는…. 당시 공보관 1, 2층은 전주의 유일한 풍남백화점이 자리했고 3, 4층은 영화관 혹은 전시실이 있었다. 영화는 주로 외화를 상영했는데, '대한뉴우스'마저도 인기였다고. 미원탑 앞에 있는 백도극장에 비해 싼 관람료에 두 편의 영화를 상영하였다. 비내리는 필름은 자주 끊겼다. 관객들이 휘파람을 불면 사과방송 뒤 다시 영화가 이어졌다.

1960년대 전라북도공보관 시절. 영화상영 간판이 눈에 띈다. ⓒ 전북도청

전주의 배꼽자리

전주의 신작로

사람이 부지런히 왕래하면 전라도 말로 '질이 난다'고 한다. 길이 난다는 말의 구개음화일 것이다. 짐승이나 물고기, 나는 새와 비행기도 길이 있다. 근대화가 진행되면서 도시가 개발되고 필요에 의해 사람이 왕래하는 새로운 길과 화물이 왕래하는 도로와 철도가 생겨난다.

일제는 전라도에 진출하면서 도로와 철도를 우선적으로 개설한다. 간단하다. 일본인들의 배를 불리기 위해서. 침략자들은 1907년에 전주부성의 성벽을 헐어버리고 8m 넓이의 소위 '신작로新作路'를 뚫었다. 곡물수송 인프라 구축을 위해 형성된 전군도로는 1908년 최초의 포장도로로 완성되었다. 전주를 지킨 것은 팔할이 쌀이었다. 그런 쌀이 신작로로 끌려갔다.

장벽은 무너지고, 강물은 풀려/ 어둡고 괴로웠던 세월은 흘러 끝없는 대지 위에 꽃이 피었네/ 아아 꿈에도 잊지 못할 그립던 내 사랑아

한 많고 설움 많은 과거를 묻지 마세요

- 나애심의 노래 「과거를 묻지 마세요」

성벽은 무너졌다. 과거를 안 물을 수 없다. '치마 끈 졸라 메고 논 사 노니 신작로 복판에 다 들어가네' 하는 남원 길쌈노래는 개인적 열패감 정도지만, 성문과 성벽을 헐고 길을 내는 일은 민족의 수치였다. 1910년을 전후로 동서남북의 성벽이 다 헐리고 4대문은 풍남문만 남게 된다. 다만 조그만 잇점이라면 신작로를 통해서 염장하지 않은 생선이 들어왔다는 것. 선도가 높은 생선이 상에 오르고 삼례에서 나룻배를 타지 않고 이리와 군산, 서울로 갈 수 있다는 것은 변화의 시작이었다.

식민지배자들은 직선의 박스형 가로를 구상한다. 원래 전주부성은 좁고도 유기적인 가로체계였다. 길을 넓힌다는 구실로 조선의 위엄을 자랑하던 객사와 감영 등 전통건물들의 상당부분을 도로선에 포함시킨다. 전통문화 말살정책이었다. 또한 미로형 골목을 가로로 바꿔 도심의 시위를 원천봉쇄하려는 노림수도 작용했을 것이다.

카퍼레이드와 미원탑

'십이칸 도로' 팔달로는 기린로와 관통로(충경로)가 없던 60년대부터 전주의 주 간선로로서 전주의 근대 역사를 함께 했다. 남원 방향 전주교 앞에서 덕진으로 이어지며 전주 시내를 가로지르는 폭 25m의 도

1960~1970년대 신작로 모습. 당시의 신작로는 시민축제의 무대였다. ⓒ 전북도청

로다. 전주를 상징하는 이 길은 대통령이 되려는 장군 박정희의 확실한 등장을 알리는 전국체전 개최의 소산이었다. 원래는 풍남문에서 중앙우체국까지 이어지는 도로가 팔달로인데 1960년대 초반에 지명위원회에서 새로 난 길을 '팔달로'라 부르자 해서 이름 붙여진 것.

전국체전을 한 달 앞두고 콜레라가 극성을 부렸지만 박정희 최고의장은 개막식에 참가한다. 전주시민들은 부족한 여관시설을 민박으로 대체하며 전국체전을 성공적으로 개최한다. 홈그라운드 이점인지 전북은 전국시도 중 3위에 입상하게 된다. 이때 전주종합경기장도 함께 완성이 되었고 전주 학생들은 뻑하면 무슨무슨 궐기대회에 동원되었다.

미원탑은 장년의 전주 사람이면 누구나 다 기억하는 전주의 명물이요, 랜드마크였다. 1967년 당시 미원그룹이 옛 전주시청(현 IBK)사거리에 MSG 조미료 '미원'을 선전하는 철골 트러스트 광고탑을 설치한 것이다. 밤에는 네온사인이 불을 밝혔으니, 도시가 훤해진 느낌이었다. 가족회관 자리의 공보관에도 네온사인이 번쩍번쩍 불을 밝히던 시절 이곳이 전주의 명동이었다. 사람들은 그래서 '시청 앞'이라 하지 않고 '미원탑'이라고 불렀고 친구나 연인과의 만남의 장소는 단연 미원탑 앞이었다. 아! 눈여겨 볼 것 한 가지. 구시청의 자리를 이어받은 기업은행 전주지점 앞에는 일제 때 세워진 전라북도 도로원표가 있다.

미원탑, 1967년 ⓒ 전주시

팔달로는 카퍼레이드를 하던 공간이었다. 국민교육헌장과 애국가 4절을 외운 학생들은 대통령이 전주를 방문하면 팔달로에 나가 '총력안보'와 '국민총화'를 위해 태극기를 흔들었다. 1973년 사라예보 세계탁구선수권대회에서 여자단체전 우승을 하고 돌아온 박미라 선수와 군산상고와 전주고 야구팀의 전국 제패 이후 팔달로 카퍼레이드를 기억하는 어른들이 많다.

묘한 인연이다. 1979년 6월 특정업체 광고물이란 점과 오래된 구조물이 갖는 위험성을 이유로 미원탑은 철거된다. 1980년 가을, 전두환

전주의 배꼽자리

이 집권하면서 제61회 전국 체전이 전주에서 열리게 되는 시점과 일치한다. 전주의 모든 중고등학생들은 카드섹션과 마스게임에 동원되어 학생들 예비고사 점수가 평균 몇 점이 낮아진다고 하는 우려가 있을 정도였다. '매스게임 제너레이션' 시절, 소위 관통로라 불리는 충경로가 개설되면서 전주부성 한복판의 중심은 관통약국과 민중서관 앞으로 이동하게 된다.

잠시 팔십년대 팔달로의 블랙박스를 열자. 전북대 학생들을 비롯한 시민들은 '80년 봄'과 '87 개헌투쟁' 때 팔달로를 향해 진격하곤 했다. 페퍼포그차, 닭장차, 지랄탄과 사과탄, 꽃병이 난무하는 팔달로는 자주 보도블럭을 갈아야 했다. 2002 한일월드컵 때 전주시민들도 역시 붉은 티셔츠를 입고나와 팔달로와 관통로에 모여 '대~한민국'을 외쳤다. 2009년 전북현대의 K리그 우승에 시민들은 최강희 감독과 이동국 선수 등의 카퍼레이드에 손을 흔들었다.

전주 깊이 알기

길 위의 목소리

1987. 6. 26 '국민평화대행진' 3시에서도 강행. 전주 이리 군산에서 민주헌법쟁취국민운동본부 주최로 열려, 전주에 2만, 이리 1만, 군산 2천 명 등 모두 3만 2천명의 학생 · 시민 · 신도 · 재야인사 등 참여. 팔달로와 관통사거리서 행진을 벌인 뒤 서중 앞 로타리서 횃불을 밝히며 밤늦게까지 시국토론회를 벌여.

[출처: 전주시사(全州市史)]

산업은행을 사자던, 시인 박배엽

　동문에서 서문, 남문에서 북문이 만나는 정확한 지점, 전주부성의 배꼽자리 건너편에 산업은행이 자리한다. 옛날 전주 부영府營 자리에 일본이 식산은행을 세운 그곳이다. 앞에는 우체국이 있고 가족회관 건물이 길 하나를 두고 있다. 70~80년대 당시에는 여기 중앙동 거리가 서울로 치자면 명동이고 젊은이의 거리였다.

　당시 돈이 없는 젊은이들은 식당이나 다방은 갈 수가 없으니 만날 장소가 산업은행과 시청 길 하나를 사이에 둔 전신전화국내 대기석 소파뿐이었다. 그래서 전신전화국을 전주 사람들은 '전다방'이라고 불렀다.

　여기 청년 박배엽(1957~2004)이 있었다. 당대 수재들의 집합소인 전주고를 졸업하고 박배엽은 대학진학을 포기한다. 아니 안 한다. 한여름에도 검은색 바바리코트를 입고 다니던 괴짜 박배엽은 징글징글한 시대의 고민을 풀어나가려고 부단히 노력했던 청년이었다. 따로 약속 잡지 않아도 산업은행 앞에 오면 소설가 이병천과 한상준, 시인 박두규가 기다리고 있었다. 누구라도 돈이 있으면 몇 발짝 떨어진 후문집(막

걸리집)에 갔고 돈이 없으면 그 자리에서 지독한 토론을 했다. '박배엽이 내 삶의 절반'이라고 말하는 소설가 이병천은 말한다. "당장 막걸리 값도 없는 친구들 앞에서 배엽이는 돈 좀 벌면 산업은행 이걸 사서 전시장, 갤러리 하자고 했어. 이게 일제 때 식산은행건물인데 이 오래된 건물이 사라져 얼마나 분개했는데…"

그는 부유한 집 아들이었다. 전주바닥에서 정치나 문화현장에 있던 후배들 중에서 그의 술을 얻어 마시지 않는 사람이 없을 정도로 발이 넓었다. 남다른 인간관계에 대해 박배엽을 따르던 시인 안도현은 말한다.

"우리는 배엽이 형처럼 못 살 것 같아요. 우리는 배엽이 형만큼 뜨겁지도 않고, 정신의 어떤 급진성도 없고, 호쾌하지도 못하고, 배엽이 형처럼 살던 사람이 어디 있을까 싶네요. 어제 저 만주벌판에서 풍천노숙

하다가 전주로 금방 들어온 사람 같은, 하여튼 지금 이 자리가 아닌 어떤 다른 자리에 서 있고, 늘 그쪽을 생각하고 그런 사람…"

1986년 5·3인천사태의 후폭풍은 거셌다. 직선제 개헌을 요구하는 와중에 전북민주화운동협의회 실무를 맡았던 간부들이 전부 수배되거나 검거된다. 한마디로 지도부 공백기에 박배엽과 박남준 두 시인에게 사회부장이라는 직함이 주어진다. 당시 유일한 합법적인 공간이던 옛날 성모병원 자리 일곱 평짜리 사무실에서 운동단체를 지키느라 성명서를 쓰고 여차하면 구금과 구속이 되어야 하는 순서가 기다리는 일이었다.

박배엽은 사회적 분석이 뛰어났기 때문에 성명서 쓰는 일과 유인물에 들어가는 사진 편집 등 문건 만드는 일을 많이 했다. 하루하루가 급박한 상황이었기에 일주일에 몇 번씩 성명서를 내던 시절이었다. 선후배 활동가들은 박배엽의 성명서는 문학적이고 감성적 어구를 사용하기에 민중의 가슴에 울림을 주는 성명서였다고 기억한다. 특히 5·18 성명서 내용에는 '피 묻은 대가리를 굴리고 있다.' 라는 표현에 비장하게 성명서를 낭독하던 당시 의장 문규현 신부마저도 당황스러워 했다는 전설이 있다.

남민시 동인

1985년 전주에서 출간된 '남민시' 1집 『들 건너 사람들』에 박배엽은 동인으로 참가한다. 이병천, 정인섭, 최동현, 백학기, 박남준 등 전주 최고의 시힘을 자랑하던 멤버들이었다. 박배엽은 전북대 앞에서 새날서점을 경영하면서 자신이 쓴 시를 대자보처럼 서점 앞에 붙인다. 그의 유명한 시 「백두산 안 갑니다」는 당시 지식인들에게 깊은 울림을 주었다. 실제로 이 동네 시인들 중에는 그의 유훈을 받들어 '남의 땅을 밟고 서는 절대로' 백두산을 안 간 사람들이 많다.

전북대 앞에서 새날서점을 경영하던 박배엽은 2004년 폐암으로 세상을 떠난다. 그의 친구 박남준 시인은 박배엽을 이렇게 평가한다. "끝내 좋은 시를 못 쓰고 간 친구가 박배엽이죠. 하지만 그는 이 땅의 무수한 시인 중, 진정으로 시인정신을 잃지 않은 시인이었습니다. 배엽이는 시를 못 썼지만 시인의 삶을 살다가 갔지요."

2013년, 그가 간 지 10년이 못되어 신귀백 감독은 그의 일대기를 담은 장편 다큐멘터리 〈미안해, 전해줘〉를 완성 디지털독립영화관에서 상영한다.

백두산 안 갑니다

이백만원이면

좀 적게는 백만원만 있으면

일주일쯤 중국 여행하며

백두산에 갈 수 있다고

일년짜리 적금을 든

회사원 내 친구가 있습니다.

얼마나 보고 싶으면

얼마나 가고 싶으면

저런 생각을 다 했을까

가슴 저미며 딴 말은 못했지만

나는 백두산 안 갑니다.

(중략)

돈으로 갈 수 있다면

돈으로라도 통일된 내 나라 내 땅 딛고

갈 수만 있다면

대동강 맑은 물에 목을 적시며

개마고원 영마루를 넘을 수만 있다면

전세금을 몽땅 빼서라도

일숫돈을 빌려서라도 지금 당장 떠나겠지만

남의 나라 땅을 딛고 구경 삼아서는

나는 절대 백두산 안갑니다.

이백만원을 도로 준대도

백두산 안갑니다.

철조망 지뢰밭이 앞을 막아도

내 나라 내 땅 질러가는 길이라면

통일을 기약하며 가는 길이라면

온몸이 찢겨지고 발목이 잘려서도

백번이고 천번이고 기꺼이 가겠지만

남과 북이 하나되어 가는 길이 아니라면

투쟁과 승리로서 얻은 길이 아니라면

나는 백두산 안 갑니다.

절대 백두산 안 갑니다.

— 박배엽, 「백두산 안 갑니다」, 《문화저널》 1991년 1월호

갤러리, 전주의 오랜 다방들

오륙십년대, 한국의 작가들은 다방과 술집밖에 갈 데가 없었다. 술집은 강의실이었고 다방은 사무실이었기에 원고청탁과 교정, 필자가 추천되는 곳이었다. 가난한 작가들에게 약속 메모를 해주는 레지들은 출판사의 사무원이었다. 한 마디로 다방은 사랑방의 대용공간이었다. 문인만이 그랬을까? 지식인과 예술가들에 이르기까지 그들에게 다방은 아지트였다. 감독과 배우들도 마찬가지였다. 이발소에서 머리를 감고 나온 깡패들도 다방에 출근도장을 찍었다.

전주도 그랬다. 신석정과 이병기는 다방에서 시화전 구상을 했고 젊은 후배시인을 만났다. 갤러리나 문예회관, 공연장이 없던 시절 다방은 문화공간이었다. 60년대 신석정 시인의 일기는 '양지다방에서의 외대생 시낭송회' 등을 담고 있다. 석정은 특별한 용건이 없이도 늘 비사벌이나 양지다방 등에 다녔다. 좌수악필左手握筆의 명인 석전 황욱 선생은 1973년 아담다방에서 데뷔전을 가진 시절이었으니.

그 시절로 잠깐 돌아가 보자. 다방 간판에는 반드시 전화번호가 크게

139 전주의 배꼽자리

명기되어 있었다. 다방 이름은 대개 한 두 자로 임팩트 있게 짓거나 서정적인 이름도 있었다. 고향, 아담, 설, 삼양 등 일단 부르기 쉽지 않은가. 이름이 부르기 곤란하면 카페고 쉬우면 다방이다. 기차 역 앞에는 역전다방이 반드시 있지 않았던가. 그래, 어항이 있으면 다방, 어항이 없으면 카페였다. 다방 어항에는 키싱클라미나 엔젤피시 등이 있었다.

그 다방에 들어설 때에 내 가슴은 뛰고 있었지/기다리는 그 순간만은 꿈결처럼 감미로웠다/약속 시간 흘러갔어도 그 사람은 보이지 않고/싸늘하게 식은 찻잔에 슬픔처럼 어리는 고독…

— 나훈아, 「찻집의 고독」

[전주 다방의 위치]

전주의 다방은 한국 전쟁중이였던 당시 연예인들의 아지트로 처음 생겼다. 한국 전쟁중이였던 당시 전주의 다방은 만들어 연극하고 노래하는 배우, 가수들로 당시 그들이 자주 모였던 다방은 옛 전주극장 주변의 고향다방, 왕궁다방, 우인다방이였다.

이들은 변기종, 김승호, 이예춘, 허장강, 김진규, 주선태, 황해, 박노식, 전택이, 노경희, 도금봉, 김희갑, 현인, 김정구 등 이였으며 특히 우인다방은 주인이 현인이라고 알려질 정도로 유명한 곳이였다.

전주에서는 1951년 고향다방을 시작으로 왕궁, 카멜, 우인, 나폴리, 다리꽃, 신록다방등이 생겼고, 1952년에 삼양, 전원, 일번지, 나비, 유정, 무영, 심원, 밀림, 은방울, 은하수등이 생겼다. 이후에 우후죽순으로 다방이 생겨며, 70~80년까지 전성기를 누렸다.

+ 삼양 다방의 역사
1950 전주다방의 고객 : 영화인들 및 문화 예술인 (판타리), 지식인들의 아지트
1958 "싸롱 세라노" 동의 음악 애호가들 모임장소
1970 모던한 서양식 문화 공간 시민들의 일등 데이트코스
2005 삼양다방에서의 "계절화" 외 추억의 전시회
2014 건물 리뉴얼 "전주 영화 소품 창고" 와 같이 탄생한 삼양다방
2015 삼양다방 & 문,지,방 오픈

* 통일신라 다연원 / 고려시대 다방(茶房) : 관사 / 조선시대 다방(茶房) : 궁중의 다례담당

한국 다방의 역사

다방 문화의 시작
인천 대불 호텔, 슈트워드 호텔
고종황제가 러시아공사관에서 처음 커피를 마심
손탁호텔(서울 최초의 호텔 다방)
남대문역 정거장의 기샤텐(우리나라 최초의 다방)

[문화 다방기]
1927년 우리나라 최초의 한국인 다방
이경손 감독이 "카카듀" (서울종로)

1920~1960

1951년 최초의 전주다방 "고향다방"

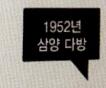
1952년 삼양 다방

[생활 다방 번성기]
음악 다방 번성기
1970년 미국의 제너럴 푸즈와 협작
최초의 국내 인스턴트커피 맥스웰하우스 등장

1960~1975

[상업 다방기]
1977년 커피자판기 첫등장

1960~1975

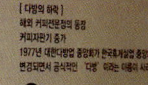
[다방의 하락]
해외 커피전문점의 등장
커피자판기 대중화
1977년 대한민국 종합화가 한국특화설정 종합되다
변경자연시 공식되다 다방 이후는 대중의 시야에서

府城中心

1952년 이래 현재까지 영업 중인 국내 최고령 삼양다방과 내부모습

동문거리 삼양다방

　　삼양다방은 1952년에 문을 연다. 중앙동의 설다방과 희다방, 극장가의 고향다방·귀거래다방·무영다방·양지다방 등과 함께 삼양다방은 인텔리 층이 애용하던 찻집이었다. 미술과 사진전시회를 비롯 시낭송회와 서화전도 열렸다.

　　1952년경 삼양다방이 입주했던 건물은 60년대 중반, 4층으로 증축하고 호시절을 누렸다. 관통로가 나기 전 동문사거리는 팔달로를 넘어서면 시청과 도청이 멀지 않고 은행도 여러 군데 있었다. 아래쪽으로는 법원이 가까이 있었고, 70년대에는 MBC가 입주해 있었다. 중심이었다. 밥집이 많았고 인사동 같이 액자나 표구를 하는 집도 많았다. 이곳 삼양다방은 약속장소였고 사진전과 서화전을 여는 갤러리였으니.

　　최근 삼양다방 지하에는 '전주영화소품창고'가 들어섰다. 이 창고는 영화 〈역린〉에서 주인공 현빈(정조 역)이 입었던 곤룡포, 〈7번방의 선물〉의 류승룡이 입었던 붉은 죄수복 등 전북지역에서 촬영·제작한 영화의 소품을 관람할 수 있는 공간이다.

아담다방의 다방학개론

　　웨딩거리 아래 좁은 길은 브랜드 옷가게 거리였다. 거기 제과점으로 유명한 부래옥은 여행사로 바뀌었다. 그 사거리에서 객사 쪽으로 내려

웨딩거리 한쪽으로 자리한 아담다방,
현재는 2층에서 영업 중

오면 '구 아담다방'이 있다. 마담에게 물었다. 귀한 손님에게만 준 달걀 노른자 뜬 모닝커피의 나머지 계란 흰자는 어떻게 되었냐고, "제과소에서 카스테라 만드는 데 쓰려고 흰자를 다 걷어갔지."

새빨간 립스틱에 나름대로 멋을 부린 마담 허여사는 다방경력 어언 40년이 넘는다. 70년대 여수에서 올라와 처음에는 '하꼬비' 생활을 했다. 하꼬비는 일본어의 '나르다'라는 동사 運ぶ(하꼬부)에서 파생된 말로, 보통 보따리상을 말하는 단어이나 이 바닥에서는 레지 아래의 하우스메이드 개념으로 그릇 닦고 청소하는 '시다'다. 하꼬비를 졸업하면 마침내 '아가씨'가 된다. 당연히 예쁘고 상냥해야 한다.

촌뜨기 가시네도 등잔불 밑에서는 예쁜 법. 아가씨로서 경력이 쌓이면 카운터에 앉는다. 카운터를 보는 사람이 바로 레지다. 사실 '레지스트레이터'에서 나온 말이고 레이디에서 나온 말은 아니다. 단순히 돈 계산만 하는 것이 아니다. "네 아담입니다."하고 전화를 받고 '마이크 온'하고서 "전북대 김 선생님 전화 왔습니다."하고 교양있게, 소위 방송을 한다.

양장에 하이힐의 레지 시절을 지나 경력이 단계에 오르면 마담을 한다. 마담은 한복을 입고 높은 신발을 신는다. "여름에는 하얀 모시적삼을 해 입었어요." 한참 잘 나갈 때는 한복 스폰을 해주는 사람도 있었다고. 한복 끝을 우아하게 잡아매고 나이 드신 분들은 '아빠', 조금 덜 드신 분이면 '형부'라 하고 친절하게 맞았다. 마담에는 책임마담과 얼굴마담이 있는데, 얼굴마담은 알아서 차만 많이 팔면 되지만 책임마담은 하루 수입이 부족하면 자기 월급에서 채워 넣어야 했다고.

"다방엔 규율이 엄해서 애인이 있으면 쫓겨나야 했습니다. 내가 팬을 한 오륙십 명 거느렸는데 내가 다방을 옮기면 다들 이쪽저쪽으로 우르르 몰려왔었지요. 70년대 초에 경기여관으로 차 배달을 갔는데, 쇼단 멤버들과 스타들이 쉬고 있었어요. 한 번은 하반영 선생님 사무실에 차를 배달하러 갔었는데 그때 거기 영화배우 김진규 씨가 있더군요. 얼마나 가슴이 뛰었는지…"

커피 믹스와 자판기에 밀리고 커피전문점에 치여 다방은 기억 저편으로 사라지게 된다. 하지만 풍남문 근처 한정식집 행원 입구 지하에는 아직도 '도향다방'이 성업 중이고 아담다방도 어르신들이 꾸준히 찾고 있다. 소파는 낡았고 화장실을 가려면 난간 없는 계단을 올라야 한다. 이제 아가씨가 '오봉'들고 다니는 배달은 안 한다.

사실, '구 아담다방'은 옛날 그 아담다방은 아니다. 바로 오른편에 있었는데 이전하면서 이름을 빌렸다. 20여 년 전, 2층 커피숍이 장사가 안 되어 빈 공간이 되자 허마담은 거꾸로 커피숍을 다방으로 만들었다. 아무래도 나이 드신 어르신들이 많이 오시는데, 어르신들은 통닭을 사오기도 하고 페트 맥주를 가져오셔서 함께 드시기도 한다. 커피값은 천 원도 받고 이천 원도 받는다.

전주 깊이 알기

1954. 3. 9 시내 심원다방에서 가람동인회의 『새벽』 출판기념회 진행
1972. 8. 21 전주시 다방협회에서 모닝커피제도 폐지 결의.
[출처: 전주시사(全州市史)]

전주의 배꼽자리

비빔밥 삼국지

'전주비빔밥'은 표기에서 띄어쓰기를 안 한다. 이 고유명사를 평양의 냉면, 개성의 탕반과 함께 조선의 3대음식이라 이름한다는 것은 경기전 앞 사자도 안다. 비빔밥은 먹기에 편한 음식이다. 고속도로 휴게소나 비행기 안, 우주선에서도 먹을 수 있지만 정크푸드는 아니다. 전주출신 소설가 최일남은 "비빔밥과 콩나물 해장국의 고장에서 태어난 내 '식복의 행운'은 따라서 더 들먹일 것이 없다"며 고향 음식을 자랑하는데,

놋쇠 대접에 담긴 전주비빔밥은 우선 색채가 아름답다. 선홍빛 육회와 치자나무 열매로 물들인 샛노란 청포묵에 슬쩍 데친 미나리 빛깔, 그리고 까만 김가루의 대비가 그만이다. 그 밑을 살찐 콩나물이 받치고 있다. 청포묵을 써는 방법도 중요하다. 길이는 콩나물 키 정도라야 알맞고 굵기는 이팔청춘 처녀의 손가락 수준이 제격이다. 요것들을 주축으로 하여 그 음식점이 자랑하는 고명이나 양념을 몇 가지 넣고 빼는 비법의 자유재량이야 마다하지 않되 반숙란이나 날계란 등속

을 곁들이는 것은 질색이다. 전래의 격식이 아닐 뿐더러, 입안을 텁텁하게 만들기 때문이다.

- 최일남, 「잊을 수 없는 밥 한 그릇」

비빔밥의 유래에는 여러 설이 있다. 궁중요리로 가볍게 점심에 점하나 찍는 음식이란 설에서부터 임금 몽진설, 섣달 그믐날의 잔반 처리설, 갑오동학 때 농민군들이 그릇 하나에 이것저것 받아서 섞어먹었다는 설 등 다 일리가 있는 말이다. 이 동네 어른들 중 한학자 황안웅 선생은 전주비빔밥을 큰 바탕으로 이야기한다. "교동은 물이 좋지. 중바우 아래 대여섯 마지기 논을 적시고 내려오는 물이 있어. 소물방댕이 살짝 삶은 물에 김제 맨경 쌀로 밥을 해놓고 보면 밥이 아니라 옥이지. 무진장 산채와 숙주노물에다 임실 간장만 쳐 먹으면 비빔밥집할 수 있어. 음, 간장이 문제야. 간장 독아지 7개 없으면 가짜여. 간장은 술 주 酒자 위에 장수 장將자 쓰잖어?"

삼국지는 민담과 역사서들이 잘 비벼져서 만들어진 맛있는 역사서로 삼국지를 모르고 우리나라에서 이야기가 안 되듯, 비빔밥을 모르고 전주를 이야기할 수는 없다. 맛 좋은 비빔밥집으로는 한일관, 한국관, 갑기회관, 고궁, 백송가든, 종로회관 등 군웅의 할거는 가히 '5호 16국'이지만 여기서는 전주라는 비빔밥 그릇 중심에 있는 노른자 같은, 기업은행 주차장에 사진으로 찍힌 '가족회관, 성미당, 중앙회관' 등 삼국지만 이야기하기로 하자.

파죽지세, 중앙회관

1959년 고사동에 고 구화엽 씨가 신신식당으로 출발한 중앙회관은 1970년대 관광버스로 손님을 실어 나를 정도로 '대박집'이었다. 박정희 대통령도 전라북도 순시 때 들른 이집의 특색은 전북 장수 곱돌로 만든 그릇. 최고의 맛과 온도가 유지되는 크기와 두께의 곱돌을 특별히 제작하여 중앙회관 비빔밥만의 조리법을 완성했다.

곁들이 반찬으로 들깨가루 반죽의 고구마순, 브로콜리튀김, 매실장아찌, 고추튀김, 묵은지를 씻은 지, 부침개와 잡채에 좀 심심하다 싶으면 두부를 넣은 칼칼한 된장찌개가 나온다. 비빔밥을 다 먹고 나서 구수한 누룽지를 득득 긁어먹는 것도 이집이 가진 재미 중 하나다. 곱돌밥에 물을 말아 숭늉 같은 후식 뒤에 잣을 두 개 띄운 수정과까지 나온다.

허영만의 만화 〈식객 23편〉에 소개된 내용을 보면, 당시 이병철 삼성그룹회장이 중앙회관 비빔밥 맛에 반하여 1974년 서울 신세계백화점 지하에 개업을 권유하여 서울에도 전주비빔밥 붐이 일 정도였단다. 중앙회관은 서울에 진출하여 프랜차이즈를 열고 파죽지세로 서울공략에 성공한다.

삼고초려, 성미당

　3대에 걸쳐 오십 년 역사를 자랑하는 성미당의 주메뉴는 육회비빔밥이지만 여름에는 삼계탕과 겨울에는 떡국을 잘하기에 메뉴판을 보고서 삼고초려해야 한다. 성미당 비빔밥의 특징은 손님상에 나가기 전, 주방에서 후라이팬에 콩나물, 찹쌀고추장, 참기름을 넣고 약한 불에서 미리 비빈다. 그 위에 여러 나물을 얹고 놋그릇을 뜨겁게 데워 나오는 것. 놋그릇을 사용하는 이유는 참기름을 흡수하지 않고 먹을 때 따뜻하게 온도를 유지해 주기 때문이라고.

　레시피를 소상히 볼작시면 마늘, 청장, 참기름, 깨소금, 잣가루를 넣고 무쳐둔 육회, 데친 미나리, 삶은 콩나물에 도라지, 고사리, 살짝 볶은 표고버섯, 채 썬 애호박, 참기름, 깨소금을 넣는다. 거기 개나리 빛 황포묵이 자리하는데 고춧가루와 깨소금, 파가 잘게 썰어진 양념이 살짝 올라있다. 놋그릇에 김가루가 검은 색을, 당근이 붉은 색을, 시금치가 청색을, 버섯이 흰색을, 천하 중앙에 덩실 뜬 달걀노른자는 가히 오방색 끝판왕이다. 끝으로 잘 말린 대추 한조각과 은행알 하나를 연출하면 총천연색 시네마스코프가 펼쳐진다. 나무 받침위에 떡하니 올라있는 놋그릇은 비주얼에서 일단 먹고 들어간다. 두 번째로 식객이 비비는데, 당연히 젓가락으로 비빈다.

　비빔밥이 오기 전 콩나물만 떠 있는 맑은 국이 먼저 나온다. 토란탕과 깍두기와 호박 시금치와 숙주나물 김치와 버섯, 미역줄기, 샐러드 등 열 가지 반찬이 곁들이 반찬으로 나오는데, 파전을 시키면 제대로

된 낙지가 들어있다. 대통령의 맛집으로 노무현 김대중 김영삼 이명박 대통령이 찾았다 한다.

괄목상대, 가족회관

　전주의 배꼽자리에 위치한 가족회관은 옛날 공보관이자 풍남백화점 건물 2층에 자리한다. 입구에는 전주비빔밥지정업소 1-1호, 전주음식 명인 1호, 전라북도 무형문화재 39호, 대한민국 식품명인 39호라는 괄목상대의 스펙을 알려주는 거대한 플래카드가 걸려있다.

　일단 주방이 어마어마하다. 수북이 쌓인 비빔밥용 놋쇠 그릇과 요리사들이 분주히 움직인다. 가히 공장이다. 물대신 기본으로 나오는 온육수가 나온 후, 밑반찬 12가지가 올라온다. 버섯과 마늘쫑으로 볶은 반찬, 무말랭이, 고추장아찌, 생채는 만든 지 얼마 안 되어 결이 살아있다. 당연히 그 곁에는 콩나물 맑은 국이 있다. 하이라이트는 작은 오모가리에 올라져오는 계란찜이다. 상위에 배달되면서 빵처럼 부푸는데 고소하기가 일품이어 '진격의 계란찜'이란 말도 있는데 비빔밥의 매운 맛을 덜게 해주려 올리는 것이란다.

　가족회관의 비빔밥은 밥물을 우유보다 진한 사골 국물을 사용한다. 사골 국물의 단백질과 지방이 밥을 코팅하는 효과가 있어서 영양도 만점이고 밥을 비빌 때 떡지지 않아 잘 비벼진다. 노른자 주위로 잣, 은행알, 무순, 생채, 시금치, 김, 고사리와 콩나물이 호박이 비벼주길 기다리고 있다. 아, 황포묵도 있다. 이걸 젓가락으로 비비면 입의 행복도 함께 비벼진다. 식사 후, 이마에 땀이 살짝 난다면 제대로 먹은 것이다. 가족회관은 체인점이나 분점을 내지 않는다. 전주비빔밥, 육회비빔밥 단촐하게 두 가지만 한다. 한 우물만 판 것이다.

전주 깊이 알기

비빔밥 뒷 이야기

1997년 11월 팝의 황제 마이클 잭슨이 전북 무주리조트를 방문한다. 김대중 대통령과의 인연 속에서 판문점에서의 세계평화 콘서트라는 도원결의를 위한 것이었다. 그에게 전주비빔밥을 대접하게 되는데 고추장은 빼고 간장으로 비볐다고 한다. 마이클 잭슨은 이 맛에 반해 그 뒤로 방한할 때는 항상 호텔식으로 전주비빔밥을 찾았고 신라호텔에서는 이 일을 계기로 '마이클 잭슨 비빔밥'이라는 메뉴를 개발해 외국인들 사이에서 히트를 쳤다고 한다. 전주비빔밥은 우주 식량으로도 개발되었는데 현재 러시아 의생물학연구소의 공식인증을 받아 우주 정거장의 우주인들은 물론 화성탐사 프로젝트에도 공급될 예정이란다. [출처: 나무위키]

門景
南風

V

풍남문에서 객사까지

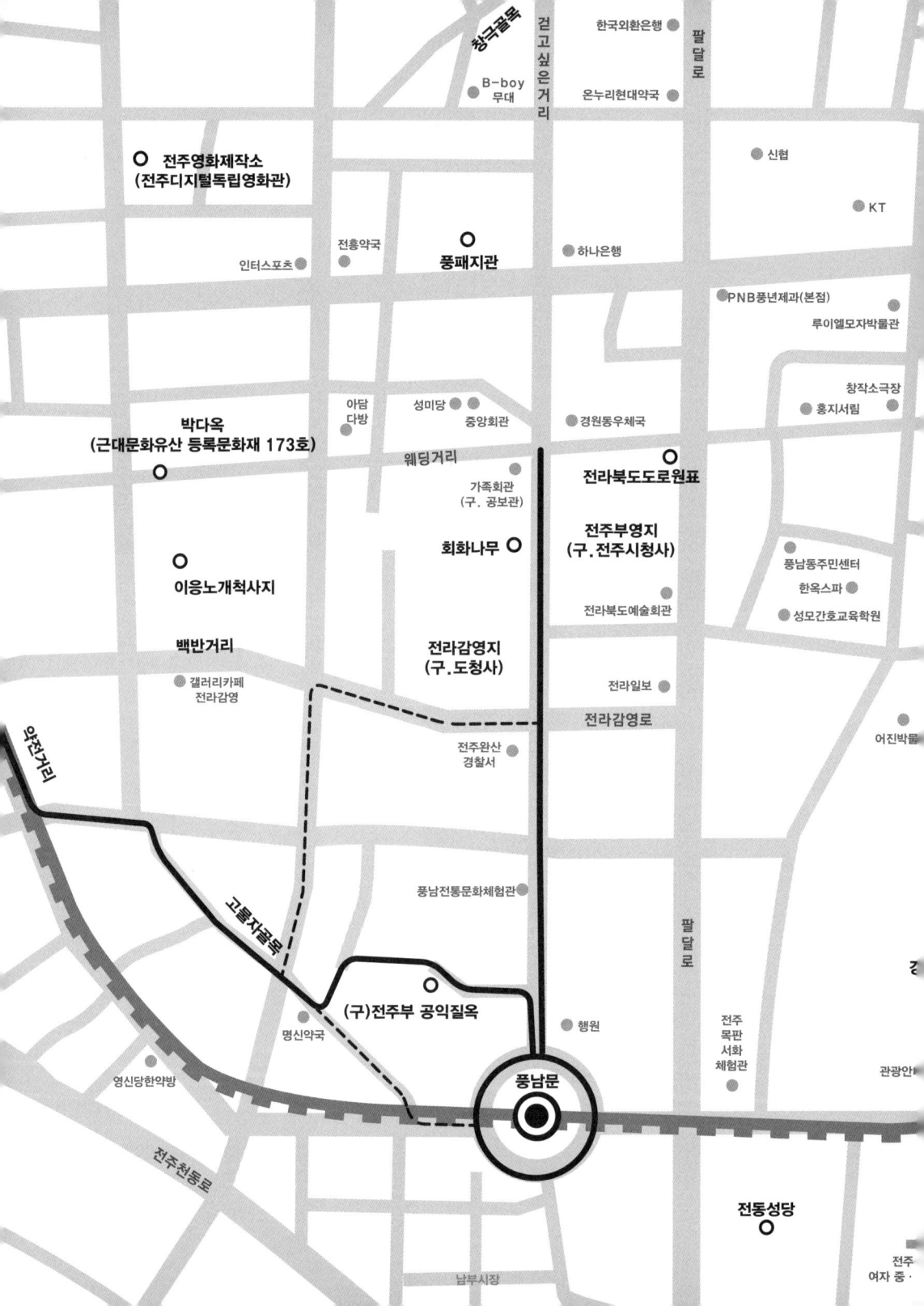

여는 글

남문이 전주다

풍남문이 곧 전주이기에, 『완판본 열녀춘향수절가』에서 이몽룡은 과거에 급제해 남원 가는 길에 풍남문에 오른다. 수많은 묵객들이 누각에 올라 전주부성을 조망했고, 1894년 갑오동학혁명시절에는 전봉준 장군이 성문에 오르기도 했다.

풍요와 오욕의 역사를 지켜본 풍남문은 사람을 위압하지 않는다. 풍남문에 올라서면 바로 오른 쪽에 전동성당의 첨탑이 보이고 그 아래쪽으로 경기전이 고고한 세월을 지키고 있다. 언밸런스일 것 같은데 기막힌 동과 서의 조화를 이룬다. 이것이 전주다. 풍남문을 등에 지고 감영 쪽을 바라보면 일자로 길이 나 있다. 조선시대 성내서 가장 흥성한 길이었다. 그 길은 옛날에는 객사 앞에서 멈추었지만 지금은 오거리까지 이어진다.

남문만 남았다. 아니 식민통치자들도 이 우아한 역사의 상징 풍남문만큼은 차마 없애지 못했다. 정문이니만큼 당연히 남문이 한 층이 더 높았다. 남문은 관찰사의 출입문이었다. 남문 길을 따라가면 아직도 필방과 유기를 파는 가게와 한복집과 표구집들이 늘어서 있다. 이름난 한정식집 '행원'이 지척에 있고 그 앞 골목에는 일제강점기의 공설전당포 '질옥'의 흔적도 남아있다.

남문시장이 곧 전주다. 소위 '남밖장'은 최고의 경제생활권으로 전라도의 온갖 재화와 물산이 모여든 곳이었다. 전국의 쌀 시세가 여기서 결정되었다. 전주의 엄마들은 명절만큼은 동네 시장 아닌 이곳에서 제수용품을 마련했고 여기서 새 옷을 사다 입혔다.

남문시장은 전주의 과거였다. 과거는 찬연했고 또 안타까웠다. 남문은 민심을 집약하는 광장으로 천주교의 참수가 집행된 곳이기도 하고 오늘날도 촛불집회가 열리는 현장이며 제야의 종소리를 울리는 곳이다.

남문 밖 시장은 남문을 더욱 친근하게 만든다. 장사는 '목' 아니던가. 신선한 재료구입을 할 수 있는 데다 사람들이 모여드니 당연히 이름난 음식점이 생기는 것은 자명한 일. 맛이 있어야 단골이 생긴다. 남문에서 태동한 콩나물국밥은 전국 표준이 되었고 돌솥밥의 원조도 남문 가까운데서 출발했다. 객사에 이르기 전, 과거 감영과 부영이 있었던 탓에 맛있는 백반집들 또한 적지 않다. 전주에서 맛있으면 우주최강이다. 그러니 전주 남자랑 결혼하면 음식타박으로 고생한다.

풍남문 가까이 과거 배차장이 있었다. 요즘말로 터미널. 전주 사람 말고도 전북 각지에서 모여든 사람들로 시장주변은 영화로웠다. 남문 주변에 붉은 벽돌로 쌓아올린 목욕탕 굴뚝 몇 개가 근대의 욕망과 역사를 말한다. 거기 주단집 주변에는 수선집들이 많다. 탈근대의 백화점보다는 작은 가게들이 장사가 잘되는 전주, 좋은 도시다.

종을 치던 도시 전주, 풍남문

　전주에는 풍남문豊南門을 비롯, 풍남초등학교, 풍남동, 풍년제과 등 '풍豊'자로 시작하는 이름들이 많다. 조선시대 전주부윤의 집무실은 풍락헌이라 했다. 그런데, 묘하게도 풍남문은 풍남동에 있지 않다. 이곳은 전동이다.

　풍남문마저 없다면 누가 전주를 부성도시라 할 것인가? 전주 사람들이 흔히 '남문'이라 부르는 잘생긴 누각인 풍남문은 전라감영의 권위를 상징하는 정문이다. 전라감사가 부임할 때 거리상으로는 북문과 서문이 가깝지만 풍남문으로 입성한다. 남문은 예나 지금이나 전주의 상징으로 다운타운과 업타운이 교차되는 지점이다.

　풍남문은 옹성의 모습을 보여준다. 옹성이란 마치 항아리 반을 쪼갠 것 같이 성벽을 보호하기 위하여 성문 밖으로 또 한 겹의 성벽을 둘러쌓은 성벽을 말한다. 풍남문의 문은 팔작지붕 이층 누각 아래 무지개(홍예)문으로 감사와 백성들의 주출입구였다. 문 위에 그려진 주작을 확인한 후, 2층으로 올라가는 계단을 따라 올라가면(올라가면 안 되지만)

평지에 지어진 성이라 전주 시내가 한눈에 내다보인다. 가운데 누각을 두고 좌우에 위치한 종루와 포루를 확인하다보면 제법 큰 문이자 성벽이라는 느낌이 들 것이다.

   서울로 말하자면 종로랄까? 여기 풍남문 누각에서는 매일 두 차례 종을 쳤다. 그러니 전주는 종을 치는 전국에서 몇 안 되는 도시 중의 하나였다. 풍남문의 종소리는 맑고 청아하여 부성 사람들의 사랑을 받았다. 풍남문에 걸린 속이 깊은 청동의 몸체 바깥을 때려 울게 하는 그 소리는 '진폭의 새'가 되어 성 안팎으로 길고 멀리 은은하게 울렸다. 신새벽 오경五更에 33번 파루종罷漏鐘을 쳐서 아침을 알리면서 성문을 열었고, 한밤중 이경二更, 10시에는 인정종人定鐘을 28번 두드려 성문을 닫고 통행을 금지시켰다. 지금도 전주시에서는 새해가 시작될 때 서울 보신각 행사처럼 풍남문에서 제야의 종을 친다.

1980년 복원한 현재의 풍남문.
오른쪽으로 보이는 종각에서 매년 제야의 종을 울린다.

풍남문의 종은 누구를 위하여 울리나?

전주는 한국가톨릭의 가장 빛나는 성지다. 성지로서 풍남문은 안타까운 역사를 간직한 곳이다. 성안팎 사람들이 가장 많이 운집한 이곳 광장에서 가끔 극악한 사형집행이 있었다. 갑오동학혁명 때 동학교도들과 내통을 했다는 혐의로 네 명의 군관이 효수형을 당했다는 기록이 있고, 거슬러 올라가 1791년 신해박해 때 첫번째 순교자의 목을 내려친 곳도 여기 풍남문 앞이다.

로마교황청은 조선의 신자들에게 신주를 없애고 조상의 제사를 지내지 말라는 메시지를 내린다. 이에 금산에 사는 신자 윤지충(바오로)과 그의 외사촌 형 권상연(야고보)은 조상의 신주를 불태운다. 윤지충은 다름 아닌 「어부사시사」를 지은 윤선도의 6대손으로 진사시험에 합격한 양반 엘리트에다 정약용 정약전이 고종사촌형이었으니 빵빵한 집안이었다. 조정이 가만히 있을 리 없었다.

지금은 금산이 충청남도에 속하지만 옛날에는 전라도에 속했다. 그래서 이들은 전주로 압송된다. 천주교 교리를 받아들여 신주를 불태운 혐의로 체포된 이들 이종형제는 전라감사 정민시에게 배교 강요와 함께 문초를 당한다. 동문 근처 감옥에서 듣는 풍남문에서 울리는 파루 종소리는 과연 길었을까, 짧았을까?

이들은 감옥에서 나와 칼을 쓰고 풍남문 앞에서 참수된다. 사실 효수 자체는 사형이라기보다는 확신범의 명예형인 것. 유교적 잣대로서의 이단아에 대한 사회적 파급을 줄이기 위한 전시적 성격의 형이 집행된 아흐레 후, 조정의 사자가 감영에 도착한다. 정조임금은 이들 형제를 사형에서 한 등급을 감하여 귀양을 보내는 조치를 내려 사자를 전주로 보냈으나 이미 사형이 집행된 뒤였다. 과연 풍남문의 종은 누구를 위하여 울렸을까?

다시 십 년 후, 신유박해 때는 호남의 사도로 불리던 유항검(아우구스티노)과 윤지충의 아우 윤지헌(프란치스코) 역시 대역부도, 모역동참죄로 능지처참형을 받은 곳도 풍남문 밖이다. 그래서 천주교도들은 이곳을 순교성지라 부르고 전동성당 앞에는 이들을 기리는 동상이 서 있다. 2014년 프란치스코 교황이 한국을 방문해서 죽음으로 신앙을 증거했던 순교자 124위의 의로운 주검에 '복자'의 지위를 부여하는 '시복시성식'을 거행했으니….

1935년 전주부가 발행한 사진엽서, 개인소장. ⓒ 종걸.
종각은 사라지고 풍남문문루에 걸린 종이 보인다.

살구꽃 정원과 여걸 허산옥

풍남문을 등에 지고 전라감영(도청)쪽을 향해 스무 발자국 쯤 걷다가 오른쪽으로 꺾어들면 '행원杏園'이 자리한다. 우리는 전주부성의 중심 그것도 전동殿洞 한가운데 자리한 소위 '요릿집'에 와 있다. 전주풍류의 맥을 잇는 공간답게 기와를 두른 솟을 대문의 편액은 영화 〈취화선〉에서 장승업의 대필 역을 맡은 박원규의 글씨다. 예전 같으면 전통국악이 흘러나왔을 것이다. 손님은 호기롭게 문을 열었고, 저녁에 한복을 입고 수발한 아가씨는 낮에는 최고급 양장차림으로 조심스럽게 행원을 드나들었다.

말로만 듣던 요정은 밖에서는 그저 가정집 같이 보이지만 안에 들어서면 정원의 두 아름 철쭉 두 그루가 그 품격을 말해준다. 행원의 본채는 1942년에 지어진 전통한옥으로 정원을 중심으로 사방이 복도로 이어져있고 여섯 개의 방들이 자리한다. 대중들이 함께 먹는 그런 '식당'이 아니라 자기 팀끼리만 조용히 밥을 먹을 수 있는 은밀함에 처음 온 사람들은 일단 꺼뻑 죽는다.

행원 입구에는 '전라북도 무형문화재 성준숙(예명 민소완) 명창'이란 현판이 붙어있다. 옛 주인 남전藍田의 뒤를 이어 행원을 인수한 성 명창은 16세에 임방울 명창 문하에 입문, 오정숙 명창에게서 사사한다. 그는 1986년 '전주대사습놀이전국대회'에서 대통령상을 수상한 알아주는 명창으로 지금은 판소리 후진양성에만 몰두하고 있다. 성 명창의 딸이 운영하던 식당은 최근에 주인이 바뀌었다.

우선 한정식 맛을 보자. 왕이나 귀족들이 마주하던 제법 큰 신선로가 눈에 확 들어온다. 시원한 육수에 쇠고기 안심과 새우 등 해산물이 버섯, 미나리, 대추, 은행, 호두와 함께 부드럽게 끓어오른다. 전복과 쌀이 든 부드러운 매생이죽으로 입을 튼다. 전라도 한정식답게 홍어삼합은 기본이어서 삭힌 홍어와 비계가 달린 돼지고기와 둘둘 말린 묵은지가 나온다. 갈비찜, 낙지볶음, 버섯탕수육, 잡채에서 생선구이에 회까지 나오니 거의 퓨전이다. 떡갈비를 먹고 나서 황포묵 샐러드를 입에 넣으면 부드러움이 더한다. 당연히 두꺼운 놋그릇을 사용한다.

다중이 식사를 할 때는 이간 장방 커다란 홀을 사용하는데 옛날 집답게 콩기름 먹인 장판에 양반다리를 하고 먹는다. 폭이 열 자는 넘을 산수화와 강암 선생의 글씨가 든 병풍 아래서 음식과 함께 전통 가락이나 격조 높은 국악 공연도 감상할 수 있다.

행원은 정치인과 재력가, 언론인, 관리 등의 발길이 끊이지 않았고, 국악을 곁들이는 만찬은 전국으로 알려져 '행원에서 밥을 먹어야 전주를 다녀왔다'는 셀레브리티 사이에는 쫙 퍼진 말이었다. 모 대통령도 다녀가시고 한 때는 장관인사를 요정의 마담이 먼저 알았다는 전설도 있

다. 과거 행원이 영화롭던 시절, 남자손님들이 일단 들어오면 명주바지로 갈아입었다는 속설이 있는데, 왜 그랬을까는 상상해 보시라.

남전생옥藍田生玉, 허산옥

전통음식점으로만 끝나면 행원이 아니다. 동양화로 이름을 떨친 남전藍田 허산옥(1926~1993)의 이야기가 빠질 수 없다. 정치인과 예술인, 언론인들과 폭 넓게 교분을 나눈 남전은 요릿집 '행원'의 경영자로서만

이 아니라 도량이 크고 배포가 커서, 필시 여장부였다.

김제 출신 허산옥(본명 허귀녀)은 16살에 남원권번에 들어가 기생수업을 받는다. 단순히 술 따르는 여급이 아니라 풍류를 아는 기생으로 창을 하고 시를 짓고 기악을 하는 예인이었다. 젊어 모델로 활동하던 남전은 당대 최고 허백련 화백에게 산수화를 배운다. 강암 송성용 문하에서 서예를, 월전 장우성에게 장미를 배워 후일 화가로 이름을 알리니 藍田生玉(남전생옥)의 고사인 '남전이 명옥을 산출하듯, 예술로서의 옥을 낳아라' 하는 의미를 제대로 보여준 셈이다.

1943년경 전주에 운심각이 있었다. 세 명의 기생 '산다마三玉(금옥, 산옥, 연옥)'가 공동 경영하는 요정으로 해방직후 전주에서 가장 물 좋은 곳이었다. 산다마가 독립 해체되면서 금옥이는 서울에 올라가 큰 요정을 했고, 연옥이는 경상도로, 허산옥은 낙원樂園 일부인 안채와 아랫채를 인수한다. 아래채는 해방이후에 '전주국악원'이라고 불리던 곳으로 낙원 당시부터 권번 출신 기생들이 기악과 소리와 춤 연습을 하던 곳이었다.

택호 행원은 '살구꽃이 만발한 동산'이라는 뜻으로 '남전'이라는 호와 함께 허백련선생이 지어주었다고 한다. 살구나무는 추위를 잘 견디며 아름다운 꽃과 열매를 맺지 않던가. 삶은 신산했지만 꽃과 열매를 맺으라는 의미였을 것이다. 이곳 행원은 전국의 내로라하는 서화가들과 국창들이 고담준론을 벌인 곳이기도 하다. 국창 박초월, 김소희, 박녹주, 김연수, 임방울 같은 소리꾼과 한국화가 김은호, 변관식도 남전의 후원을 받았다 한다. 이병기, 신석정, 정비석 등 문인들과 언론인 송지영이 행원을 찾을 때엔 밥값에 관계없이 특별손님으로 배려하였다고.

허산옥은 소리보다는 가야금과 살풀이춤에 능했지만 그는 그림으로 승부한다. 조선에 미술대학이 없던 시절 전주에는 전국 최초의 사설화실인 동광미술학원이 있었다. 여기 이응노와 영화제작자이자 화가인 김영창과 하반영 등이 있었는데, 이곳에서 모델로 일하면서 그림을 배운 일은 그의 삶을 화가의 길로 돌려놓았다. 허산옥은 그림과 서예로 10여 차례에 걸쳐 국선에 입선한 이후 추천작가의 반열에 오를 수 있었다.

2014년 12월, 허산옥의 화조화에 대한 토론회에서 미술사가인 김소연은 '거리낌 없는 붓질의 흐드러진 꽃들, 거침없고 과감한 채색은 우리 근·현대미술사에서 좀처럼 찾아볼 수 없는 독특하고 매력적인 성취'라 말한다. 허산옥은 전주의 귀한 옥이다.

돈 감옥, 질옥質屋

돈이 웬수다. 신용카드 현금서비스, 1588로 시작하는 급전 빌리기 광고가 봇물을 이룬다. 일제강점기라고 다를 것인가? 어차피 신용도 낮은 사람들은 고금리 사채를 써야 한다. 새학기를 앞두고 학자금이 필요하거나 김장 재료를 사기 위해서는 결혼반지서부터 시집 올 때 해온 모본단저고리라도 맡기면서 급한 돈을 빌리던 곳이 있었다. 질옥質屋이다.

'질옥'? 인질人質 혹은 질권質權의 '질質'자에 집을 나타내는 '옥屋'자를 사용한다. 채권자가 사용가치가 있는 물건을 잡히고 자금을 빌려주면서 이자 취득을 업으로 하는 사금융업, 한 마디로 전당포다. 누군들 전당포를 이용하고 싶겠는가? 고리의 이자를 써야 하는 마음을 알 사람은 안다. 빚 권하는 사회, 여기 1922년에 현진건이 쓴 소설에 '질옥'이 등장한다.

(전략) 몇 십 원 장만할 거리는 나에게 있었나니 그것은 유산으로 물려받은 미국제 십팔금 시계였다. 오랜 것이라 모양이 예쁘지 않은 대

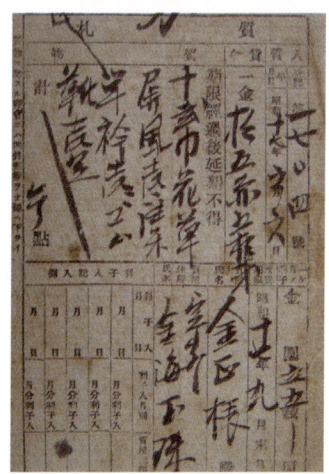

1940년 전주부사에서 확인되는 당시 공익질옥 사진과 현재의 모습, 그리고 옛 전당표.
지금은 게스트하우스로 운영 중이다.

신 투박하고 튼튼하며, 다알리아꽃도 앞 뒤 뚜껑에 아로새겼고 기계에 보석조차 박힌 값진 물건이었다.
'이것만 잡히면 사, 오십 원이야 얻겠지.'
춘심의 집에 가던 날이나 이제나 힘 미덥게 생각하였다. 난생 처음으로 전당포를 찾아다녔다. 조심 많은 흰 옷 입은 취리取利꾼들은 이 속 모를 물건을 퇴각退却하기에 서슴지 않았다. 어느 일본 질옥質屋에서 삼십 오 원에 잡히는 수밖에 없었다.

― 현진건, 「타락자」

일제강점기 전당포 건물이 풍남문 가까운 골목에 그대로 남아있다. 대로변보다는 조금 들어간 골목에 자리 잡아야 다른 사람 눈에 덜 뜨일 것. 좋은 위치다. 중앙동 우체국을 중심으로 큰 길에는 삼남은행, 전주농공은행 등 제1금융권이 자리한 반면, 여기 풍남문 앞쪽에 소위 '전주부공익질옥全州府公益質屋'이 자리 잡고 있다. 공설질옥, 공익질옥이라 불린 것은 민간질옥과 다른 개념이다. 민간인이 운영하는 사설 전당포가 많아지면서 보통 월 3~4%가 보통이었는데 곳에 따라 이자가 7%에 육박하자 총독부는 '공설면당포'를 설치하기에 이른 것.

무너져가는 조선 경제 속 살인적인 금리에 입맛을 다신 침략자들은 질옥質屋을 열었다. 우리나라에 공익질옥이 생겨난 것이 1920년 10월인데 그 최초가 전주였다. 그 이후 군산·광주에 설치되었는데 최소 금리를 설정하고 3개월인 전당기간을 4개월로 늘려주었고 총독부는 관리감독을 강화한다. 질물로 토지문서와 유가증권, 가구, 장신구, 의류를 담보로 하고 대출기준과 한도액을 정했다. 대출의 풀스윙을 막은 것은 잘한 일일까?

전당포 업자들은 채무변제기한에 잠적했다가 나타나서 담보물건을 차지하는 경우도 왕왕 있었고 가짜 문서로 돈을 빌리고 도망가는 조선인 선수도 있었다 하니 가히 요지경이었다. 1920년대 이후 전당포는 여인숙, 하숙집, 기생집과 함께 나날이 번성했다. 여인숙과 하숙집에서 생활하는 돈에 쪼들리는 서민, 즉 노동자나 소상인, 기생접대부들이 주로 이용한 것은 뻔한 일. 양반들은 조선 사람이 운영하는 전당포보다는 일본인이 운영하는 공익질옥을 자주 이용하였다. 안면을 모른다는 체면 때문이었을 것이다.

여기 풍남문 앞 골목에 공익질옥이 있다. 붉은 벽돌의 일본식 창고는 1939년에 건축된 건물로 이듬해부터 업무를 본 건물이다. 게스트하우스가 된 건물은 안채와 창고로 나뉘어졌는데 정원에는 잎이 둥근 서양호랑가시나무와 동백나무, 철쭉과 오엽송, 감나무와 남천 등이 심어져 있다.

고개를 돌리면 담쟁이가 올라 간 붉은 벽에 흰 글씨로 '全州府公益質屋(전주부공익질옥)'이란 글씨가 쓰여 있다. 최근에 새로 색을 입힌 듯해 차라리 처음의 흐릿한 모습으로 남아있었으면 느낌이 많이 달랐을 텐데. 붉은 담에는 여섯 개의 창문이 나 있는데 모두 쇠창살을 두르고 있어, 아 이곳이 바로 그 유명한 '돈감옥'이란 게 실감이 난다. 고수익 고위험의 금리싸움에 장물 등을 다루었으니 말이다.

건물 안 철문에는 단단한 잠금 장치를 했는데 소부랄 만한 자물쇠에 주물로 만든 열쇠를 뽑으면 좌우로 미닫이문이 열린다. 안에서 보면 그

여섯 개의 창문은 격자창이다. 이층 천정은 네 개의 굵은 트러스트 구조의 붉은 나무가 옛날의 결을 그대로 유지하는데 제법 천정이 높게 보인다. 이층은 모두 다다미방인데 윤동주 시처럼 '육첩방'이다. 말 그대로, 육첩방은 남의 나라다. 여기 식민시대 나운규가 남긴 일기가 있다.

> 소화 6년(1931) ×월×일
>
> 요새 같아서는 세상에 질옥質屋이라는 것이 없다면 큰일 날 것처럼 생각된다. 그러나 그 길도 끝장이 났다. 밤에 원산 만遠山 滿씨와 만났다. 출연을 청하는 것이다. 사흘 전부터 내려오던 이야기가 아직 결정이 못된 채 나는 그 사흘 동안 잠을 이루지 못한다. 나는 내가 확실히 돈을 모르던 바보라는 것을 깨달았다. 오늘까지 열한 개의 영화를 만들고도 소유는 고사하고 내가 이권利權을 가진 작품이 한 편도 없지 않은가. 도리어 나는 전주들에게 빚을 지고 있다. 그러나 '아리랑'을 위시하여 내 영화가 비교적 막대한 돈을 그들에게 벌어준다는데 나는 이제 마음에 없는 '금강한金剛恨' 출연을 승낙하지 않을 수 없도록 생활에 쪼들렸으니, 나는 확실히 바보다.

질옥에 드나드는 감독 나운규의 모습은 안타깝다. 영화 속 전당포의 모습으로 얼마 전 원빈이 주연한 〈아저씨〉를 기억한다. 더불어 이탈리아 네오리얼리즘의 기수 비토리오 데시카의 유명한 영화 〈자전거 도둑〉에서 집의 이불보 등을 저당 잡히고 자전거를 사는 장면 속에 안 보이는 현진건과 나운규가 있다. 안타깝다.

전주 서권기의 중심, 필방

　전주는 예향藝鄕이다. 서화의 중심으로 붓을 쓰는 사람이 많은 먹물 동네였다. 학문의 깊이와 수준 그리고 감식안을 가진 사람들의 동네이기에 다방이나 자그마한 음식점에도 서화 한 점 안 걸린 가게는 없다. 자연스레 종이와 붓을 파는 필방과 그것을 배접 표구하는 표구사도 많을 터. 도청을 중심으로 아직도 필방과 표구사, 액자집들이 널려있다.

　전주는 붓으로 한세상을 써내려갔던 창암 이삼만, 효산 이광렬, 석전 황욱, 강암 송성용 등 대가들의 활동무대였다. 서도만이 아니라 매란국죽 등 문인화에 능한 분들은 더 많았다. 화가로서 진도의 소치 허유, 또 허백련 등도 전주에 출입하던 어른들이었다. 이분들이 사용하던 붓과 종이 그리고 낙관용 인주는 어디서 구입했을까?

　명필도 붓을 가리냐고? 가린다. 농부에게 삽이 필수장비이듯 붓은 선비의 인터페이스다. 봄날 비온 뒤 돋은 죽순 혹은 배추뿌리를 깎아놓은 것처럼 삼각형으로 잘 빠져야 좋은 붓이다. 힘이 있고 부드럽게 나가면서 탄력이 있는, 그리고 그립감이 좋은 붓이 필요했다.

풍남문 앞쪽에 자리한 '고려필방'은 1960년대 후반에 문을 연 전주에서 가장 오래된 필방이다. 풍남문 상가 1층에 자리한 고려필방은 현재 창업자 오동호씨의 셋째 며느리가 가업을 잇고 있다. 60년대부터 70년대 후반까지만 하더라도 이곳 필방이 거의 독점이었다. 전주 아니 전국에서 붓 쥐던 선비 중에서 남문 앞 고려필방을 들르지 않은 사람이 없었다. 지금도 LA 등에서 주문이 온다고.

오씨는 완주군 동상면 사람으로 흑석골에서 한지공장을 경영하면서 남문 앞에 필방을 열었다. 한지와 붓, 인주와 물감 등 문방사우에서 부채까지 팔았다. 물론 낙관이나 도장도 새겼다. 고려필방에서 취급한 '오당지'는 색감이 부드럽고 먹이 잘 먹어 고려필방의 대표 브랜드였다고. 종업원 네 사람이 자리에 앉을 틈이 없이 종이와 붓을 포장했다 한다. 컴퓨터 글씨로 출력을 하면서 붓의 사용빈도가 현저히 줄게 되면서 붓의 매출도 줄었다. 그렇지만 동양화를 그리는데 필요한 물감과 한 냥 두 냥, 단위로 파는 낙관인주도 서화를 아는 사람은 화방 아닌 필방에서 구입한다.

고려필방이 유명한 이유는 질 좋은 붓도 붓이려니와 문향文香과 서권기書卷氣 때문이었다. 창업자 오씨는 고서화와 골동품의 감식안이 뛰어난 사람이었다. 인사동에서 구하기 힘들다는 서화관련 고서적古書籍과 간찰에 대한 컬렉션 감각이 있어 많은 컬렉터들이 찾아오는 집이었다. 한 마디로 뭔가 기운 있는 사람들이 찾아오는 맛에 오래도록 이 가게를 운영하게 되었을 것이라고 며느리는 말한다. 기운이 좋은 분들로 강암, 황욱 등이 으뜸이고 지금도 송연수, 이용, 여태명 선생부터 붓깨나 잡는 분에게 이곳 필방은 본향이다.

　풍남문과 도청주변에는 '문화상인文化商人'들이 많다. 상장에 쓰던 글씨를 대필하던 집에서부터 문우당을 비롯한 도장집도 많고 기린산방이나 고석산방 등 유명한 표구집도 많다. 하나 더, 저 옛날 한량들이 허산옥 선생이 운영하던 행원에 드나들 때는 꼭 고려필방에 들러서 질 좋은 부채 하나를 사갔다고 한다. 왜? 한 소식 하시던 묵객들이 주안상 앞에서 부채에 일필휘지로 써 주던 그 맛에.

　이제 컴퓨터 폰트도 질리는 때가 되었다. 캘리그라피의 세계가 다시 도래하는 이때가 필방의 봄이 될 수 있을까?

전주 방짜, 유기장 이종덕

　전라도 농악이 곧 한국의 농악이다. 임실 필봉농악은 전국이 알아주고 이리농악은 유네스코 인류무형문화유산에 등재되었다. 그렇다면 농악에 신명을 더하던 징과 꽹과리 같은 악기는 어떻게 만들까? 의문 하나 더, 전주 양반들은 어떤 유기를 사용했을까? 바로 방짜 유기다. 그러면 그 방짜는 누가 어디서 만들었을까?

　전라도 초입 익산 여산에는 유점이라는 마을이 있다. 익산 농악에 사용되는 악기를 예서 만들었다 한다. 과거 전주천 너머 용머리고개 아래 완산동에는 풀무질하는 유기제작소와 놋그릇을 만들어 파는 유기전이 여러 군데 있었다. 완산교회 뒷길에 있었고 조선 후기 전주부성 안 시전市廛에는 번쩍번쩍 황금으로 빛나는 '주석방거리'가 있었다. 바로 놋그릇을 파는 점포들로 객사 뒤에서 한성호텔로 가는 골목에 모여 있었다고 한다. 불과 수십 년 전에만 해도 익산(이리유기점)과 김제 금산면 원평리(원평유기점)에 그릇과 수저 및 농악기를 생산하던 방짜공방이 있었다.

국가대표급 방짜

'방짜'? 사투리로 최고로 좋은 물건이나 사람에 붙여 쓰는 말이다. 평민들이 쓰던 주물유기와 달리 방짜유기는 궁궐이나 권세 있는 양반들이 주로 사용했다. 전주와 남원 양반들이 방짜유기를 사용했음은 자명한 일. 특히 징과 꽹과리는 방짜로만 만들 수 있는 악기로, 소리의 고장인 전라북도에 방짜 공방이 있었음은 당연한 사실이다.

이런 방짜를 만드는 방짜 이종덕은 원래 충청도 부여사람이다. '전라북도 무형문화제 제43호 방짜유기장'으로, 대학원에서 금속공예를 전공했으니 가방끈도 길다. 1994년 전승공예대전 입상, 1998년 경기산업디자인전람회 대상, 2006년 전승공예대전 본상 등 숱한 상을 수상한 이종덕 '유기쟁이'가 전주 풍남문 앞에서 '방짜놋전'을 열고 있다.

영화나 드라마의 역사물에 소품이 필요하다. 특히 음식을 다룬 화면이 그렇다. 그 중에서 드라마 〈식객〉의 놋그릇은 이종덕이 제작한 그릇들이다. 신윤복을 그린 〈바람의 화원〉에서의 방짜유기 그리고 황정민 주연의 맹인 검객영화 〈구르믈 버서난 달처럼〉에서의 그릇들도 모두 이종덕 명인의 손을 통해 탄생한 것들이다. 〈스캔들 조선남녀상열지사〉에서는 빌려준 그릇들을 모두 도둑맞았다고.

이씨가 만드는 방짜유기는 국가대표급 국악인들이 사용한다. 징, 꽹과리, 공, 바라, 울라 등 금속타악기는 음색이 뛰어나 국립국악원, 김덕수 사물놀이, 진쇠 등 국내 유명한 팀들의 주문이 끊이지 않는다. 명인은 말한다. "우리 징은 소 울음처럼 길게 넘어갑니다. 군중을 한데 모으는 그리고 마음을 공명하게 하는 그 무엇이 있지요." 당연히 불교용품으로 촛대, 향로, 등도 만든다.

그가 방짜 유기로 만드는 제품은 작두에서 종까지 대략 2천여 종이 넘는다고. 생활용품으로 밥그릇이나 국그릇, 수저, 주걱, 국자 식기류는 대중들이 주로 구매한다. 대중들은 수저세트를 만만하게 보는데, 일일이 두드려 만들기 때문에 손이 많이 가고 정교함을 요구하기에 절대 비싼 가격이 아니라 말한다.

구리 78, 주석 22의 비밀

평민들이 주로 사용하던 주물유기는 틀에 찍어내어 만드는 방식으로 대량생산이 쉽다. 안성유기는 주물유기에 속한다. 그러나 방짜유기는 100% 손으로 하는 작업이다. 방짜유기는 구리(78%)와, 주석(22%)의 정확한 합금비율로 1200도 내외 고온의 불에 달구어 메질(망치질)을 되풀이하여 얇게 늘여가며 형태를 잡아가는 방법을 사용한다. 주석은 99.9% 이상의 순도를 자랑하는 원료를 사용하고 밑에서 일하는 사람도 절대 외국인 근로자를 두지 않기에 이 작업은 원가가 많이 들어가는 작업이란다.

주물이 5공정이면 충분한 반면, 방짜공정은 14공정을 거쳐야 하는데, 고도의 집중력과 정성이 필요한 것은 물론, 만약 불순물이 섞이면 단조 과정에서 깨지게 됨으로 엄선된 재료만을 사용해야 하는 작업이

다. 금과 은 다음에 비싼 광물이 주석이라고. 독살사건을 다룬 영화장면 속, 은수저가 변하는 것이 아니라 사실은 방짜로 만든 것이 불순물을 만나면 변하는 것이라고 귀띔해 준다. 세상에는 돈 주고 사면서도 고마운 물건이 있다. 섬세한 수공의 힘이 들어간 방짜유기가 그렇다.

손과 망치로만 이루어지는 공정

유기는 오래 쓸수록 은은한 광택이 살아난다. 그 광택과 멋스러움에 전주 바깥사람들에게 혼수예단용으로 방짜 반상기가 인기란다. 수저, 다과용 포크와 스푼, 나이프 등이 웰빙 바람을 타고 일감이 많아졌다고. 방짜 식기들은 제품마다 각각 크기와 모양이 다른 것이 특색. 방짜유기로 만든 제품들의 매력은 생야채와 과일 안에 들어있을지 모를 O-157균, 비브리오균 등이 멸균된다고 이씨는 말한다. 뻥이 아니라, 뉴턴 잡지에도 소개됐단다. 방짜유기는 음식의 영양소를 보호하며 음식을 담았을 때 따뜻한 음식은 따뜻하게, 찬 음식은 차갑게 온도를 유지시켜주는 특성이 있다고.

저 옛날 아이가 배가 아프다 할 때, 놋주발로 아이의 배를 문지르면 낫던 일은 구리성분으로 만든 것이 우리 몸에 맞는 그 무엇이 있다고 이씨는 말한다. 종鐘은 우리의 정신을 맑게 해주는 작용을 하고 소의 귀에 달던 워낭은 소가 지나갈 때, 독사나 다른 맹수가 다가오지 말라는 경고음이 될 수 있단다. 정읍에서 유기농 농사를 짓는 『대동이』를 쓴 박문기 씨의 농법에서 벼멸구를 예방하기 위해 백중날 전후 치는 백중놀이의 깽맹이 소리도 충분히 일리가 있다고 이종덕은 진지하게 말한다.

청바지 골목 혹은 고물자골목

고지도 속 풍남문 아래쪽 전주천에 이르는 길에는 제법 큰 골목이 나온다. 남부시장에 이르는 '길'이다. 초라하지만 붉은 벽돌로 높은 굴뚝을 단 목욕탕 '환영탕' 주위에는 미로 같은 골목이 있으니 지도 속 그 골목이다. 몇 발 더 가면 성원오피스텔(구 중앙극장)에 이르는 이 '골목길'이 바로 '고물자 골목'이다. 누구는 6·25이후 미군에서 나온 구호물자가 거래되던 곳이라 해서 '구호물자 골목'이라 말하고 또 누구는 '양키 골목' 혹은 '청바지 골목'이라고 말한다. 그렇다고 캘빈클라인이나 리바이스 청바지를 파는 곳은 한 군데도 없다. 주로 푸대 같은 구제 청바지를 우리 체형에 맞게 줄여주던 수선집이 많아서 붙여진 이름이다.

전쟁 후 교회에서는 종이로 만든 커다란 통에 담긴 미제분유와 구호물자를 신도들에게 나누어 주었고 이 구호물자는 가난한 동네에서 많은 신자를 끌어들였다. 미군부대에서 흘러나온 사지 양복과 전투복을 줄이고 염색해 입는 것을 청년들은 멋으로 알았고 그것을 보통 '스모루'라 불렀던 시절이 있었다. 조영남과 윤형주 송창식 등이 세시봉에서 만날 때 이런 옷을 입고 나왔다.

　서울의 광장시장과 동대문종합시장처럼 한복, 양복지, 이불, 원단 등의 직물과 구호물자와 군수품을 내다팔았던 장소와 비슷한 전주의 구호물자골목이 바로 여기다. 그리 좁지 않다. 그리 길지 않다. 이제는 그리 사람도 많지 않다. 전주의 몇 안 되는 '구부러진'골목이다. 동대문 골목이 근대화의 미싱을 돌리던 곳이었다면 이곳 청바지 골목은 억척 스런 엄마아빠들의 생활 터전이었다. 도시에도 생애가 있다면 이 골목 은 확실히 개발에서 소외된 기억을 그대로 안고 살아가는 골목이다.

　스무 군데 넘는 한복 안감집과 수선집, 세탁소 등이 밀집해 번성하 던 이곳은 지금도 몇 집이 가게를 열고 있다. 길 건너 '오성제과' 안쪽 골목에도 '루비한복', '나비한복', '태광한복', '조숙영 고전방' 같은 한복 집 간판이 이어진다. '모시나 남녀 두루마기 남방 전문' 이라고 문짝에 써 붙인 수선집과 한복집 옆에는 '바늘소녀 공작소 라일락센터'란 예쁘 고 동그란 간판을 달고 젊은이가 뛰어든 바느질집도 있다. 용감하다.

　왜 이곳에 수선집이 자리했을까? 골목 바깥 큰길에 주단집이 자리한 것으로 보아 여기는 맞춤한 한복들을 하청 받는 곳이었다는 것을 짐작 할 수 있다. 아니 그것보다 여기는 남문시장과 당시 남부배차장(터미널) 이 가까워서 시골에서 올라온 사람들이 시장에서 산 옷을 고쳐 입거나 형이나 언니들이 입던 학생복 오바를 줄여 동생들에게 입히느라 자주 이용 했던 것. 당연히 배차장 깡패 형님들이 옷을 딱 맞게 줄여 입고 돈 을 안내고 가는 경우도 가끔 있었다고 한다.

　여기 오래된 미싱 세 대를 가지고 이곳에서 42년 동안 수선집을 운

영한 '우정수선(중앙동 4가 70번지)' 가게가 있다. '학생오바 맞춤'으로 시작한 가게 유리창에 '신사복, Y샤스, 학생복, 작업복, 작크'라는 글씨가 낡은 청바지처럼 빛을 바래고 있다. 8평 못되는 가게인데 '주키' 미싱 위에는 검은색의 실패들이 올라있고 안쪽 검은색 '드레스' 미싱 뒤에는 붉고 푸르고 연둣빛과 분홍 등 여러 색깔의 실패들이 저마다 실꾸리를 내밀고 있다.

"이 골목은 명절이 되면 장사가 더 안 됩니다. 요즘 누가 명절이라고 새 옷을 입나요? 다 옛날 얘기지요. 청바지 원단과 맞는 실을 갖춘 집은 우리 집 밖에 없어서 청바지 수선을 많이 했습니다. 기장 줄이고, 허리 줄이고, 주름이 두 개 들어있으면 난이도가…

세월을 담고 있는 수선집 재봉틀(上)과 젊은이의 바느질 공방(下)

음, 세탁소도 일단 맡아놓고서 실력이 안 되면 우리 집으로 가져왔지요." 우정수선 김영선(59) 씨의 말이다. 가슴팍에 '멸공 방첩'을 달던 시절, 제 몸보다 더 큰 옷을 입히던 엄마를 배반하고 옷을 줄여 입던 소년들이 있었다.

"여가 남부배차장 가는 지름길이지요. 겁나 큰 골목이고 사람 정말 많이 댕겼지요. 말 안 듣게 생긴 학생이 맘보바지 줄여달라면 줄여주고, 여기서 줄였다고 하지 마라, 그랬지요."

경찰국이 가까워서 경찰복을 수선하고 술집, 다방 아가씨들도 옷을 줄여 입었고 어느 때는 주차단속원들의 옷과 전업사 사람들이 단체복을 맞추어가기도 했다. 학생복, 교련복, 예비군복 등 제복을 맞추러 오는 사람들이 많았던 그때가 전성기였다. 양복 어깨 고치는 것이 제일 어렵고 힘들어서 8만 원을 받던 때도 있었다고.

가게 왼쪽에는 경도주단집이 자리하고 오른쪽에는 세탁소, 그 너머엔 그냥 '옷수선'이란 입간판이 서있는 가게 말고도 수선집은 몇 군데 더 있다. 한때는 조합을 만들어서 회비도 걷고 철되면 같이 야유회도 가고 했는데 몇 집 남지 않았다고. "신사복총판이 생길 때도 버텼는데, 이제는 중국산 만 원짜리 옷들도 많은데 누가 옷을 수선합니까? 그래도 꾸준히 찾아오는 단골들 때문에…, 이렇게 버티고 있는 것도 기적"이라며 김씨는 소탈하게 웃는다.

음식이 최고, 성불여식聲不如食

영화도 음식만 못하니, 백반상

'전주4불여全州四不如'라는 말이 있다. '벼슬아치가 이 동네 아전만 못하고官不如吏, 아전이래봤자 기생만 못하고吏不如妓, 예쁜 기생도 소리만 못하고妓不如聲, 그 아름다운 소리도 음식만 못하다聲不如食'는 말씀이다. 이것은 우열에 대한 이야기가 아니라 전주 지방에 아전, 기생, 소리, 음식이 그만큼 유명하다는 말이렷다. 하나 더 첨언하자면, 전주국제영화제에서 상영하는 영화가 음식만 못하다는 말도 생겨날 법하다.

　제일 맛있는 음식은? 배고플 때 먹는 것이리라. 그 다음으로는 임금이 계신 궁중음식일 것이고 그 다음이 있다면 감영에서 먹는 음식 아닐까? 전주는 1200년 전 견훤왕이 도읍을 정했던 왕도이고 전라남북도와 제주도를 관할하는 관찰사가 있던 행정중심도시였다. 당연히 최고의 요리사와 최고의 음식재료가 모여든 곳이라는 말씀. 전주장場이 전라도 기름진 평야가 만든 질 좋은 농산물의 집하장이었음은 당연한 일. 그

풍부한 재료들을 솜씨 좋은 손맛으로 가꾼 여인들, 그들의 인심과 이웃을 접대하는 문화가 있었기에 최고의 밥상이 탄생할 수 있었다.

    전주천의 깨끗한 수질과 진안에서 넘어온 나물과 임실의 장맛, 순창의 고추장, 만경강을 타고 들어온 소금과 생선들은 밥상을 윤택하게 만들었다. 각종 젓갈이 버무려져 담가온 김치는 밥상의 꽃이었다. 눈으로 먹고, 마음으로 먹고, 입으로 먹는다는 가정식 백반의 푸짐한 상을 받아본 사람이라면 입이 쩍 벌어진다. 가짓수도 가짓수려니와 그 상차림의 아름다움과 그 품격 때문일 것이다. 이것은 당연히 하루아침에 이룩된 것이 아니고 전주여인들의 비손이 빚은 고추장 간장 된장이 오래된

옹기 속에서 숙성되어서 나타난 것이다.

전주식 백반은 사대문을 중심으로 하는 전주 양반네가 드신 정통음식일 것이다. 그렇다면 가장 맛있는 백반을 파는 가게들은 어디에 있을까? 당연히 감영(구 전북도청)주위일 것. 관광객들이 드시는 '한정식'은 양반관료의 밥상의 품격을 높인 것이고, 한 그릇에 7000원 안팎의 '백반'상은 전라감사는 아니어도 당시 양반들이 드신 음식임에 틀림없을 것이다.

"우리는 한 끼를 먹어도 반찬이 40가지여!" 영화 〈황산벌〉에서 백제 병사들이 신라병사와 욕배틀을 하다가 지쳐서 내뱉은 말이다. 그만큼 전주의 백반상은 푸짐하다. 다양하다. 전주에서 백반을 혼자 먹으면 정말 죄송하고 둘이 먹으면 조금 미안하다. 맛있는 백반을 먹고 나면 잎새에 이는 바람에도 부끄러워진다. 확 질러도 그리 많이 들지 않는다. 물론 한정식 집에서는 예외지만. 어서 맛을 보자.

야생초편지, 죽림회관

전주 구 도청(전라감영 터) 앞에는 '백반집 거리'가 있다. 그 중심에 죽림집이 있다. 얼마 전 안타깝게도 도청이 신시가지로 옮겨가면서 공무원과 민원인 식객들도 옮겨갔다. 도청공무원이 떠난 자리를 한옥마을 관광객들은 이 집을 용케 찾아낸다. 죽림집은 1958년 도청 공무원들을 대상으로 점심밥 장사를 시작했다. 값은 싸고, 반찬 수는 많게, 맛은 당연한 것. 그리고 분위기는 집밥 같은, 솜씨 좋은 집밥이 식당으로 나와 공무원들과 외지인들이 '전주백반'이라는 브랜드를 만든 것이다.

백반은 흰쌀밥(백)과 반찬(반)을 말한다. 집밥 같은 밥상을 처음으로 상업화한 이 집의 메뉴판에는 단촐하게 백반, 삼합, 수육, 제육불고기, 홍어탕 다섯 가지만 쓰여 있다. 백반을 시키면 아주머니가 동그란 알루미늄 쟁반을 세 번 가져오신다. 미안하다. 일단 반찬가지수가 25가지에 가깝기 때문에.

조기 두 마리 기본에 젓갈, 탕, 찌개, 무침, 전, 조림, 김치, 겉저리 등이 백반상의 중심 반찬이다. 죽림집의 특징은 계절음식이다. 봄에 나박김치, 여름에는 오이지와 열무김치, 가을에는 무청김치와 경종배추김치, 겨울에는 김장통배추김치, 동치미, 고들빼기가 상에 오른다. 그냥 먹는 된장찌개도 계절 마다 재료가 다르니 봄에는 전주 미나리, 머웃대 새순무침, 달래, 냉이는 말할 것 없고 질경이, 담뱃대나물도 무쳐 나오니 황대권이 쓴 책 『야생초 편지』 실천판이다. 상위에 씀바귀가 돋고 취나물 밭이 된다. 탕도 계절 따라 깨탕 기본에, 가을에는 버섯탕, 찬바람이 불면 추어탕, 겨울에는 토란탕이니, 아이구 숨차다.

죽림집에서 유일하게 밥상에 오르지 못하는 음식이 있다. 깍두기다. 깍두기는 전라도에서 김치 축에 끼지 못하기 때문에 올리지 않는다고.

돌솥밥엔 겉절이라

전기밥솥이 보급되면서 숭늉이 그리워질 때, 1980년에 문을 열었다. 뜨겁게 달궈진 돌솥밥에는 겉절이 김치가 제격이고 싱건지(동치미를 말하는 전라도 말)와 파 썰어놓은 양념간장은 필수다. 뜨거운 쌀알이 돌솥에서 밥을 다 먹을 때까지 온기를 유지한다. 신선한 겉절이 야채를 곁들여 물김치와 콩나물국으로 식사를 하고나면 '어 시원하다'는 말이 후렴으로 나온다. 밥을 먹고 난 뒤에 돌솥바닥에 숭늉과 함께 누른밥을 숟갈로 긁어먹는 묘미에 또 찾게 된다.

돌솥밥은 뜨겁다. 당연히 다른 반찬과의 궁합에 대한 연구가 필요한

음식이다. 그래서 하얀 쌀밥에 밤, 콩, 은행, 잣 등 전통 식재료를 넣었고, 색깔의 완성도를 위해 당근, 옥수수, 완두콩, 표고버섯 등을 넣은 영양식이 개발된 것. 궁합이 맞는 반찬으로 상추나 배추겉절이 등 싱싱한 계절야채를 섬섬옥수가 손길로 죽죽 찢어서 밥 위에 척 올려먹는 멋이 돌솥밥의 특징이니 마초에게 잘 어울릴 법하다. 더덕석쇠구이나 도라지석쇠구이와 굴비구이도 잘 어울린다.

1980년대 초부터 반야돌솥밥과 흡사한 돌솥밥이 전국으로 퍼져나가 반야돌솥밥은 한국 돌솥밥의 원조격이 되었다. 돌솥밥은 온기가 오랫동안 유지되기 때문에 외부에서 주문배달을 하여 먹는 사람들도 많다. 돌솥밥은 외국인들, 특히 일본인들이 매우 좋아한다고.

술 앞의 평등, 전주 막걸리집

'막걸리 선거', '막걸리반공법', '말이냐 막걸리냐' 등의 말이 있는데, 전주는 막걸리다. '엄병한 것'의 대명사였던 막걸리가 뉴스다.

막걸리는 일단 비싸지 않다. 주세가 5%에 불과하기에. 거기다 마케팅비용도 별로 안 든다. 다 구전으로 전해지니까. 식문화로 유명한 도시인 전주의 막걸리집들은 막걸리 한 주전자(=3병)를 시키면 기본안주가 열댓 개씩 한 상 가득 깔리는 위엄을 자랑한다. 업소에 따라서는 개별 안주를 고급화하고 대신 개수를 줄이는 경우도 있지만 아무튼 타지 사람들이 보면 놀랄 만큼 '팍 깔아'준다.

전주의 막걸리집은 경원동 동부시장 골목과 구도청 뒷골목이 원조다. 그러나 이제는 신도심으로 자리 잡은 삼천동과 서신동 그리고 평화동 사거리 뺑뺑 뒷골목을 비롯해 아중지구 등 곳곳에 자리잡고 있다. 막걸리 전설은 그 옛날 '완산집'과 '정읍집'에서 시작되었다. '정읍대학원'은 80년대 예술가들이 문턱이 닳도록 드나들던 '정읍집'을 가리킨다. 선배 예술가들에게 그림과 글, 음악, 인생을 배울 수 있었기에 붙여진 이름이다. 요즘은 '사랑채', '내고향' 등 소박한 이름부터 '배꼽', '각설이', '두 여인', '어우동', '바이 전주집' 등 이름도 진화한다. 이 막걸리집들이 한 집 평균 100여 통을 팔면, 전주에서 하루 소비되는 양은 750ml들이 만 여 통이 넘는다. 장강이다. 전주의 막걸리 주당 소설가 이병천은 도청 후문에 위치한 후문집 사연을 이야기한다.

"그 유명한 후문집에 친구들이 들어가면 돈들이 다 없어. 들어가기 전 부터 먼저 도망가는 놈이 수야. 전부 입구에 앉으려고 혀, 여차하면 튀려고. 그때만 해도 후문집이 큰 항아리에 막걸리를 담아서 파는데 주인이나 종업원이 다른 손님한테 배달하는 사이에 얼른 한바가지 우리 주전자에 담곤 했지. 근데 뻔히 알지, (주모가)함부로 내치지 않고 눈감아주고, 그런 것 같아. 한번은 소설 쓰는 한상준이가 정통으로 걸린 거야. 바가지로 머리통 두드려 맞고…."

전주 막걸리집은 술값만 받는다고 블로그마다 입소문이 났다. 안주가 공짜인데, 메뉴판은 무슨. 메뉴는 주인 맘이시다. 기본 안주는 보통 스무 가지가 넘어 상다리가 휘어지지는 않지만, 담배나 핸드폰 놓을 자리도 없다. 막걸리 한 주전자씩 추가할 때마다 특별안주가 나온다. 편육, 족발 정도로 명함 내밀기는 그렇고 백숙, 옻닭, 삼합, 광어회, 꽃게장, 크진 않아도 활전복도 나온다.

'왜 우린 저건 안 주냐?'고 물으면 서울 촌놈이다. 술을 많이 시키면 안주가 나오는 것은 게임을 통해 아이템을 얻는 방식이고 마일리지와 같은 개념이다. 이 마일리지는 단 그날 하루만 해당된다. 그러니 평등세상이다. 교회나 절보다 더 평등한 곳이 전

주의 가맥이고 막걸리 집이다. 방이 따로 없는데 누구에게 더 좋은 안주를 준다든지, 고위 공무원이 왔다고 3차 안주가 처음부터 나오는 법은 없다. 술 앞의 평등이다.

전주 술꾼들은 막걸리를 상류층(가라앉지 않는 맑은 술)과 하류층(가라앉아 떫은 술)으로 구분해 마신다. 요즘 선수들은 상류층을 좋아한다. 수많은 소주파와 맥주파를 막걸리파로 전향시킨 소설가 이병천 같은

주당들은 '좀 떫다' 하면서 한 이틀 된 것으로 바꿔 달라고 한다. 막걸리에 예민한 이런 선수들을 주모는 더 사랑한다. 서울 손님은 의심할 것이다. 그러나 전주의 주모들은 적은 양으로 주전자를 채우는 스킬을 부리지 않는다. 선수들은 한 손에 탁 들면 '척' 하고 나오는 양을 저절로 알기 때문에.

반 요정, 백번집

사실 백반집이라기보다는 한정식 집이다. 당시 관청 공무원들과 고위직들은 요정식 음식점 '행원'에 드나들었지만, '백번집'은 조금 대중화된 한정식집이었다. 전화번호가 100번이었기에 백번집이 되었다는 설이 있는데.

백번집의 음식을 볼작시면, 깨죽으로 입에 길을 튼다. 이후 노릇한 파전에 청포묵, 꽃게무침, 물미역쌈, 연근, 애호박, 홍어찜, 생합찜, 조기구이, 육회, 홍어삼합, 광어회, 민물새우, 홍어탕, 된장찌개, 낙지볶음, 토란탕, 조개젓, 파래초무침, 도라지무침, 고들빼기, 호박볶음, 갈비찜, 토하젓, 황석어젓, 알타리 김치, 수수부꾸미가 올라온다. 사이사이 싱건지로 입을 씻으면서 탕과 찌개를 섭렵하다보면 마지막으로 콩나물죽이 나오면서 점을 찍는다.

백번집 한정식은 밥상보다는 술상으로 변하면서 시중드는 아가씨까지 있던 반 요정半料亭 시절이 있었다. 식사 전후 판소리를 시키던 세대가 가고 7080세대들은 보컬밴드를 불러 공연을 시킨 호시절 때는 오스카극장, 삼남극장에서 영화 상영 전 백번집 홍보영상물을 틀어주던 때도 있었다. 전설이다. 후일, 호텔 연회식이 생겨나면서 백번집은 당시 영화만 못하지만 아직도 꾸준히 손님들이 찾고 있다.

1960년대 초 저명인사와 문인, 예술인들이 자주 찾아오자 동양화, 서예글씨를 표구해 벽에 걸어놓았다. 서예로 유명한 석전, 벽천, 월당 선생의 글씨들이 걸려있으니 한 마디로 갤러리였다. 백번집은 한식재단과 농림수산식품부가 공동사업으로 진행한 '한국인이 사랑하는 오래된 한식당 100선'에도 뽑혔다. 국내 다수의 방송은 물론이다.

전주의 식당들 앞에 'KBS나 MBC 방영'을 붙이면 굴욕이다. 적어도 NHK나 뉴욕타임스 같은 데 소개되지 않으면 방송국에서 제작한 프로그램에 이름 올린 것을 올리는 것은, 한 마디로 '그까짓 것'이다.

南門風景

남부시장 레알 뉴 타운, 청년몰

전라감영이 있던 전주는 지방관청으로서는 처음으로 상평통보를 주조해 유통했다. 전주부성은 조선 삼대도시로 일찍부터 시전이 개설됐던 지역이며, 시전은 한양과 평양·개성에서만 설치돼 있었다. 전주가 대도회지로서 돈과 온갖 값나가는 재화가 모이는 그 중심에 풍남문이 있고 그 앞에 남부시장이 있다.

사이즈가 커 하루걸러 장이 들어서던 시절이었다. 남밖장은 김제 정읍에서 생산된 쌀을 중심으로 한 곡식판매가 주를 이뤘으며, 북문외장은 포목과 잡곡을 판매했다. 그러니 전주 장시場市는 물고기, 소금, 땔감, 나무, 약초 등 어염시초魚鹽柴草 등의 집합산지였던 것이다. 서문장은 남문장에 흡수되고, 1935년 전주읍이 전주부로 승격되면서 남문시장은 공설시장으로 확대되어 남부시장이라는 이름을 얻는다. 없는 것 빼고 다 있는 남부시장은 마술사의 차력과 뱀장사의 입담 때문에 일없는 사람도 둘러보는 말 그대로 거름지고도 가는 큰 장이이었다.

쌀의 고장답게 전성기에는 전국의 쌀 시세가 이곳 남부시장에서 결

남부시장에 활력을 불러온 청년몰의 생동감

정되었으니까. 이곳 남부시장에 자리한 피순대집과 콩나물국밥집은 어딜 들어가도 맛있으니, 이곳에 오면 다이어트를 포기해야 한다.

  하지만 재래식이라는 어감이 좋지 않아 이제는 전통시장이라 불리는 남부시장은 1996년 국내 유통시장 개방과 대형마트가 생겨나면서 위기의 시간을 지냈다. 요즘 이곳이 뜬다. 아니 떴다. 한옥마을이 뜨자 새벽시장이 살아나 시민들을 모으고, 먹거리 야시장이 외부손님들을 이끈

다. 2층에는 전통시장에 문화예술을 입히는 청년몰 공동체의 등장으로 새로운 가능성을 보여주고 있다. '범이네 식충이', '아모르 페루아노', '차가운 새벽', '미스터리 상회', '우주계란', '같이놀다가게' 등 그들 가게 이름들이 기특하다. 그들의 모토는 '적당히 벌고 아주 잘 살자'고, '만지면 사야합니다'라는 귀여운 협박 멘트를 붙여놓았다. 여름의 야시장도 외지사람들의 성지가 되어간다.

한방페스티벌, 전주약령시

전주는 전주만이 아니다. 지리산, 덕유산, 회문산, 내장산, 변산반도 등 천혜의 생산지에서 가져온 품질 높은 한약재들의 집산지였다. 그래서 효종 2년인 1651년에 전주 약령시가 설치되고 대구·원주와 함께 조선을 대표하는 약령시로 통했다.

남문시장은 수많은 대장금들과 허준들이 다녀가는 한방의 원천이었다. 그래서 옛 다가우체국에서 남양당한약방과 영신당한약방 네거리에 이르는 길목을 '약전거리'라 불렀고 마른 듯 구수한 한약냄새가 코를 간질이는 동네였다. 이 언저리는 매년 한방 페스티벌인 '약령시'가 열리던 곳답게 중앙동 중국인거리에 이르는 길 주위에는 지금도 한의원과 한약국을 비롯 건재약품을 도매로 파는 약재상과 제환소, 건강원에 심마니협회까지 한약관련 업종들이 많다. 전주답다.

약령시는 말 그대로 각종 약재를 교환, 매매하는 시장을 말한다. 일제강점기 약령시는 일 년에 두 번 열렸다. 전국의 약재상들은 1년 동안 사용할 약재를 한꺼번에 구매하기 때문이었다. 전국의 허준들과 중간

상들이 모여들어 한바탕 달여지던 전주약령시는 매년 음력동짓날 초하루부터 섣달그믐까지 두 달여에 걸쳐 개장하였는데 인산인해를 이루었다 한다. 이때 약령시의 마케팅 전략으로 손님들을 위해 기차할인권을 제공하고, 창고를 신축해 무료로 대여해주었으니 여인숙이나 임시식당 역시 사람들로 꽉 들어찼다고.

전주약령시는 1943년 일제 강점말기의 전쟁과 생약통제령으로 폐지된다. 그 후 50여 년간의 침묵 후, 1999년 9월 전주의 한약업에 종사하는 어른들을 중심으로 전주약령시를 부활시킨다. 건강붐과 함께 다시 살아난 전주약령시 한방엑스포는 전주한옥마을 일대에서 전주비빔밥축제 등과 함께 열려 2010년까지 11회째 치러졌으나, 현재는 실효성 문제로 한약방의 오래된 약재처럼 깊이 잠들어있다.

〈동아일보〉 1929년 1월 3일자 기사.

〈동아일보〉 1940년 1월 21일자 광고.

東門文化

VI

완동문에서 팔달로까지

여는 글

완동문에서 팔달로까지

꽃피운 문화, 동문예술거리

현재의 전주부성은 팔달로가 남북을 가르고 관통로(충경로)가 동서를 나눈다. 동문거리는 보통 팔달로 동쪽을 이야기하는데 관통로 북쪽 가맥거리와 밥집은 사실 동문의 몽리구역이었다.

동문이 있었다. 가까이는 마당재(남노송동)와 서낭댕이(인후동) 사람들이 드나들었고 멀리는 진안 사람들이 나뭇짐을 동문 앞에 부려놓고 팔던 '동문밖장'이 있던 곳이다. 동문을 등에 지고 오른쪽 즉 북쪽에는 전주옥獄이 있었다. 후일 전주 최초의 근대식 의료원인 자혜의원에 이어 전북대학병원이 자리했고 더 뒤쪽에는 이 땅의 민주주의를 위해 고난을 아끼지 않았던 가톨릭센터도 있었다. 여기서 전동성당까지의 길을 '민주화의 길'로 불러도 좋다고 끄덕인다면 그는 80년대 팔달로에서 짱돌 한 번이라도 던져본 사람일 것이다. 거기 이제는 한국전통문화의 전당이 들어섰고 순교자의 터를 알리는 표지석이 서 있다. 또 성문 뒤로 물길이 흘렀다는 것을 짐작케 하는 버드나무 한 그루가 서 있다.

동문터에서 서문방향으로 서면 왼쪽에는 경기전이 있고 나아가면 한옥마을이다. 경기전 주위엔 구 인쇄거리가 있었다. 시서화를 존중하던 분위기와 맞물린 완판본이 흥한 자리에 아직도 홍지서림과 옛 서점들이 자리를 지킨다. 전주에서 학교를 다닌 사람들이라면 홍지는 약속장소였고 지금은 사라진 필하모니는 전주문화의 자존심이었다. 순창촌놈 시인 김용택은 여기 헌책방과 사회과학 전문서점 금강서점에서 세상 밖을 만났다.

　동문거리는 서점들 말고도 별 하나에 어린 추억을 말하는 시처럼 과거를 떠올리게 하는 수많은 이름들이 있다. 단어들이 합하여 문장을 이루듯 70년대를 전후로 생겨난 헌책방, 막걸릿집, 다방들이 동문거리를 이루었다. 가락국수와 단무지가 맛있던 아리랑제과점, 두툼한 호떡을 팔던 장미호떡, 막걸리의 대명사 후문집, 백반을 팔던 한성식당과 경원집, 거시기 때문에 마이신을 사먹는 청년들이 많이 드나들던 조약국, 짬뽕국물이 끝내주던 동명각, 그리고 배고픈 연극배우들의 창작소극장 등 별은 셀 수 없이 많다. 80년대 시청과 도청, 법원과 방송국이 나가면서 이곳 동문거리는 시절을 잃게 된다.

　동문은 없으나 동문예술거리는 있다. 액자와 표구를 하는 화방들이 있고 아직도 이 블록에는 미술학원이 전주에서 제일 많다. 동문거리는 국내 최고령인 삼양다방을 주저앉히지 않고 살려냈다. 다방 지하에는 전주영상위원회의 도움으로 전주영화소품 창고를 열었는데, 전주와 전북지역에서 촬영된 영화의 소품과 시나리오 등을 볼 수 있는 곳이다.

　장소에도 인격이 있다. 동문예술거리는 휴전선 시인 박봉우가 맨날 막걸리 잔을 들던 곳으로 아직도 멸치 육수 끓이는 냄새가 난다. 콩나

물 국밥집에서 풍기는 냄새다. 거기 루이엘 모자박물관이 있다. 새벽강은 박남준 시인의 안방이고 젊은 예술가들의 사랑방이다. 길바닥을 치장해야 걷고 싶은 거리가 되는 것은 아니다. 거기 사람이 있고 이야기가 있어야 한다. 동문거리에는 사람과 이야기가 있다.

시크릿 가든, 경기전

조선왕조의 발상지 전주에 태조의 어진을 봉안하는 것은 당연한 일. 경기전 어진은 교화군주로서의 이미지를 위해 그린 그림이지만, 푸른 곤룡포를 걸치신 왕은 무인출신으로 자애롭진 못해도 깊은 고민을 담고 있다. 얼굴의 왼쪽 눈썹 위의 사마귀까지 그린 화가는 누구일까? 어진화사에 담긴 진검승부를 담은 드라마 〈바람의 화원〉에는 이런 대사가 있다.

> "어진이란 그림이 아니다. 어진은 어진 자체로 이미 왕과 같은 권위를 지닌다. 그러니 어진을 대할 땐 그림 한 장이 아니라 한 나라의 군주를 대하는 예우를 갖춰야 할 것이다."

그러니 경기전 입구 사자 닮은 하마下馬비 앞에 '지차개하마 잡인무득입至此皆下馬 雜人毋得入'이라고 새겨져 있다. 말에서 내려 경건한 마음으로 들어오되, '모든 잡인들의 출입을 금한다'는 말은 유효하다. 이 비

석은 1614년에 세워졌으니 벌써 삼백 살 넘게 잡수셨다.

경기전을 성스러운 전당으로 만드는 힘은 물론 푸른 곤룡포를 걸치신 태조 이성계 어진의 아우라에 있다. 그러나 경기전 입구에 마치 대신들처럼 입립한 노거수들이 없다면 어진이 갖는 그 권위가 설 수 있을까?

어진이 차려진 이곳을 경기전이라 한다. 경사스런 터전이란 말씀이다. 임금의 어진은 곧 왕이고 이를 모신 전展은 곧 궁궐이다. 여기 경기전에는 어진 말고도 조선최대의 보물인 조선왕조실록을 보관한 사고史庫가 있다. 실록은 태조대부터 철종대까지 총 25대 472년간의 역사를 기록한 위대한 선조들의 보물 중 보물이다.

사과를 한 바구니에 담는 것은 위험하다. 그래서 1473년 성종 임금 때 사과보다 훨씬 중요한 왕의 기록물들을 다섯 곳에 분산 배치한다. 어진과 사고는 죽어도 지켜야할 보물이었다. 전쟁과 환란 속 조선팔도 대부분의 어진이 소멸되었고 다섯 군데의 사고 중 전주 것만이 살아남았다. 기록을 남기고 보존하려 한 그 정신은 오직 전주만이 가지고 있는 위대함이 아닐까? 전주 사람들은 지킬 것을 지킬 줄 아는 사람들이다. 존경받아 마땅하다.

1592년 임진왜란이 터지자, 경기전 최하급공무원인 참봉 오희길과 태인의 선비 손홍록, 안의 등이 태조 어진과 조선왕조실록을 정읍 내장산에 있는 용굴로 피신시킨다. 충신이다. 국가유공자다. 그래서 우리는 무신으로서 전장터를 누비다 새로운 왕조를 연 고뇌에 찬 창업자 이성계의 얼굴을 기억하고 조선왕조실록을 유네스코 지정 세계기록문화유산에 등재할 수 있는 기회를 갖게 된다. 만약 전주사고본 마저 불타버렸다면 조선 전기의 방대한 역사는 야사 속에 묻혀버렸을 것이다.

경기전 동편에 건립된 사고에서는 3년에 한 번씩 포쇄 행사가 있었다. 실록에 바람을 쏘이는 일이다. 전주시에서는 이 포쇄행사와 어진 봉안행렬과 봉안제를 정례화하고 국가중요무형문화재 지정을 추진하고 있다.

촬영장소 경기전

오래된 것들은 두 손을 모으게 한다. 경기전 구내 북편에는 전주 이씨의 시조 이한의 위패를 모신 조경묘肇慶廟가 있는데 한쪽 켠 재실은 조선의 마지막 황녀 이문용 여사가 후조처럼 깃들어 말년을 보내신 곳이기도 하다. 서울 국립중앙박물관은 태조 어진을 그냥 잡수시려다가 전주시와 이씨 종중의 강력한 의지에 밀려 어진을 전주로 돌려준다. 그리고 2010년 경기전 내에 어진 박물관이 마련된다.

내가 살았던 전주의 고풍스러운 분위기, 경기전의 큰 나무들과 오래된 기둥들은 나에게 시간을 분초 단위가 아니라 백년 천년의 단위로 느끼게 했다. 그 나무들 아래서 나는 늘 저 먼 시간이 그리웠다.

— 작가 최명희

　과연 경기전과 전동성당이란 공간이 없이 최명희의 대하소설『혼불』이 나올 수 있었을까? 최명희 작가의 표현대로 '소살거리는' 대나무 숲을 지나면 기억해야할 나무 두 그루가 있다. 한 그루는 몸이 휘어져 바닥에 닿는 매화나무이고 또 한 그루는 최명희 문학관으로 이어지는 동쪽 문 앞에 위치한 회화나무다. 최명희문학관은 정확하게는 성벽 밖에 있는 공간이지만 경기전 동문을 나와 열 발자국 거리에 있으니 문향에 젖는 것도 스스로 복을 짓는 일일 것.

　여기 고요한 왕의 공간인 경기전에서 영화를 촬영하는 일은 무모한 일이다. 일단 관광객이 많고 동선이 좁다. 그래도 드라마 〈용의 눈물〉을 필두로 많은 사극 영화가 촬영되었다. 가장 최근에는 이병헌, 한효주 주연의 〈광해, 왕이 된 남자〉에서 거지 왕 하선이 중전의 손을 잡고 도

ⓒ 전주영상위원회

망가는 대나무 숲 장면이 바로 이곳에서 촬영되었다. 드라마 〈궁〉, 〈왕과 비〉, 〈명성황후〉도 레디고를 외친 곳이다. 경기전 건너편 전동성당이 박신양 전도연의 〈약속〉 촬영지라는 것을 알 사람은 다 안다.

전주 깊이 알기

경기전 한 페이지

1956. 3. 29 경기전을 비롯한 덕진 등지에서 옥단춘의 의리와 인정, 사랑을 다룬 영화 〈옥단춘〉을 촬영했다.
1963. 8. 30 경기전에서 함석헌 선생 강연회 개최.
[출처: 전주시사(全州市史)]

참 죽이는 나무, 참죽나무

전주를 전주답게 하는 것은 사람보다 나무들이 많기 때문이다. 정월 대보름 오목대 사랑나무에 새로운 소원지가 걸리고 나면 동쪽에서 조풍條風이 불어온다. 잔가지에 물오르는 바람으로 전주천 버들개지가 맨 먼저 눈을 뜬다. 경기전 홍매화가 수많은 가지 끝에 성냥골 같은 꽃대를 달면 산수유도 잠에서 깬다. 당연히 배롱나무에도 물오르는 소리가 들린다. 봄날 승암산에는 이팝나무가 핀다. 나이테 하나에 향기를 더하는 것이다.

경기전의 품격을 더하는 것은 당연히 오래된 나무들이다. 경기전 정문 앞 은행나무는 270살 잡수셨다. 그러니 경기전을 헐어내고 들어선 일본인 소학교의 어린이들이나 중앙초등학교의 어린이들 모두를 잘 건사하신 나무다. 경기전 안에는 대신처럼 늘어선 느티나무, 학자처럼 고고함을 잃지 않는 회화나무, 유생들의 글읽는 소리를 내는 대나무가 있다.

후두둑 여름비가 쓸고 간 경기전에 구름이 다투어 나온다. 구름이 떠난 나무 그늘은 영화촬영지로 제격이다. 배롱나무가 붉은 열흘을 열 번 지속하면 경기전 내삼문 앞 팽나무가 제일 먼저 노랗게 물든다. 가을바람은 단풍을 빛나게 하는 바람이다. 단풍나무와 은행나무는 비어있는 사고를 지킨다. 더 있다. 잣나무, 능소화, 비자나무, 호랑가시나무, 소나무, 주엽나무, 측백나무, 상수리나무, 팽나무 등 나무 세상이다.

숨바꼭질이 시들해질 때 쯤, 한 아이가 재빠르게 나무 위로 올라갔다. 빽빽하게 들어선 소나무, 팽나무, 궤목, 느티나무, 은행나무, 벚나무, 살구나무, 모과나무들은 그 가지와 잎사귀로 온통 하늘을 가려버렸다. 그 울창한 나무숲에서 쓰르라미와 매미들이 숨넘어가게 울어 젖히면, 우리들은, 사내아이 계집아이 할 것 없이 신발을 벗어 놓고 손바닥에 침을 탁 뱉은 다음 조르르 나무를 타고 올라갔다. 매미를 잡기 위해서였다.

— 최명희, 「만종」

서울에 혜화동길이 있다면 전주에는 경기전 돌담길이 있다. 벽돌이 아름다운 잠사회관을 가기 위해 단정한 돌담길을 걷노라면 경기전 뒤쪽 담밖에도 커다란 나무 몇 분이 보인다. 다들 백년은 넘으신 장수목들 중에서 압권은 참죽나무다. 겨울에 바라보기에는 과연 저 시커먼 나무에 새잎을 달까? 하는데 사월이면 한 해도 잊지 않고 이파리를 다는 나무는 키가 큰 곰처럼 생겼다. 저 나무가 경기전 뒤를 떠받친다. 지킨다. 바로 참죽나무다. 연세가 무려 삼백하고도 오십이 넘었다. 줄기 둘

레는 4m, 나무 높이가 20m에 이르는 우리나라에서 가장 오래된 참죽나무란다.

이 정도면 신목神木이다. 몸통을 타고 오른 이끼를 두른 참죽나무는 이곳 경기전을 쌓것들이 떠메고 가지 못하게 뿌리로 땅을 움켜쥐고 붙드느라 몸체가 그리 갈라지고 터진 것이리라. 겨울이 을씨년스럽지만 '참죽 할배'는 봄과 여름에는 찬란한 햇살을 받고 풍성한 그늘을 펼친다. 그 그늘 같은 이야기가 있다. 신분이 다른 처녀를 사랑한 총각은 귀신이 되어 그 사랑을 잊지 못해 겨울의 몸은 갈라터지지만 봄날에는 그 고통을 잊고 이파리를 퍼뜨린다. 예쁜 처녀들이 유난히 짙푸른 색깔을 자랑하는 참죽나무 아래를 지나면 어르신들은 반드시 한 마디 하신다. "총각 귀신 붙는다. 가까이 가지 말라"고.

경기전에 일본인들이 소학교를 짓고 해방 후에는 전당 울타리 안에서 동물서커스 공연을 한 것처럼 이 오래된 참죽나무는 수난의 역사를 가진다. 붉은 빛이 돌아 아름다운 참죽나무 어린 순은 물에 데쳐 초고추장이나 된장에 찍어 먹거나 나물을 해먹으면 별미란다. 부잣집에서는 찹쌀가루 죽에 반죽을 하여 튀겨 먹는 부각을 만들기도 했다. 잎을 다린 물은 몸에 수포가 생긴 곳에 바르면 좋다는 말이 있으니 신목은 눈이 짓무르고 어깨가 헐었을 것이다. 언제 가지가 성할 날이 있었겠는가?

새싹이 나오자마자 꺾어서 데쳐먹고 튀겨먹고, 나중에는 장아찌로 만들고 수피는 벗겨다가 달이면 산후 지혈제나 지사제에다 종기가 났을 때 피막을 만들어 주는 효과도 있다하니 가히 만병통치다. 그래, 이 양반 살아 고단한 삶이었다. 뿐인가? 수없이 나물로 뜯어가도 죽지 않고 잘 자란 참죽나무는 죽어 좋은 목재 특히 가구로도 쓰인다. 붉은 빛깔에 재질이 굳고, 결과 광택이 고와 고관대작이 선호하는 전주장欌을 만드는데 사용된다. 명품 전주 고급삼층장은 2500만원이 넘는다 하니 참죽나무, 참 죽인다.

한 세대가 나무를 심으면, 다음 세대는 그늘을 얻는다. 그리고 그 그늘 아래 귀신이 붙을 수밖에. 그래서 베어지면 그 유명한 전주장이 되고 살아남으면 이런 저런 전설이 붙기 마련이다. 몇 년 전 이병천 작가를 비롯한 전주의 이야기꾼들인 '이야기보따리'팀들은 〈참죽나무타령〉을 지어 세상에 알렸다. 원한의 총각 몽달귀신이 밤에 처녀가 지나가면 귀신이 붙기에 처녀 통행을 금했다는 전설과는 반대로 아름다운 사랑 이야기를 만들어냈다. 성춘향과 이별한 이도령이 남원을 떠나 한양으로 가는 길에 이곳 경기전에 들른다. 이몽룡은 춘향과의 재회를 다짐하며 경기전 참죽나무아래에서 사랑의 맹세를 다지는 이야기였다.

중국이 원산인 참죽나무는 『장자』에 아주 오래 사는 나무로 나온다. 팔천 년을 봄으로 삼고, 팔천 년을 가을로 삼는다고 하니 아직도 경기전 참죽나무나 전주는 이른 봄이다. 키가 큰 진격의 거인이 나오지 않는다면 이제 누가 새잎을 나물로 뜯어갈 일은 없겠다.

완동문에서 팔달로까지

전주 중앙초 야구부

1919년, 일제침략자들은 태조 어진이 있는 경기전의 반을 헐어 일본 어린이들이 다니는 학교를 세웠다. 퇴장감이자 만행이다. 그때 세운 심상소학교는 해방이후 전주중앙공립국민학교라는 이름으로 다시 개교한다. 지금은 전주중앙초라 부르는 이 학교는 전교생이 220명에 지나지 않지만 학생 수가 많던 60년대 후반에는 13반까지 있었다.

70년대 이전에는 명문중학교에 진학하기 위해 국민학교 졸업생도 재수를 하던 시절이 있었다. 70개 클라스에 70명씩이니 산술적으로 한 해 오천 명이 다니던 학교였다. 풍남초와 중앙초, 교대부속 등이 명문이었다. 그 근거는 '당시 북중과 전여중을 몇 명 더 합격하느냐?'에 달려있었다. 전주 어른들은 한 해는 풍남이, 한 해는 중앙이 더 나았다고, 그것은 과실나무의 해갈이 같은 것이었다고 추억한다.

이후 경기전 복원사업에 따라 전주중앙초등학교는 1997년 구 경찰기동대 자리 신축교사로 이전한다. 그 안에 역사의 한 페이지가 있다. 6.25가 터지자, 당시 전주지역의 학도병 모집이 1950년 7월 10일부터 전주고와 전주중앙초등학교에서 전개되었다고. 전 원광대 라종일 총장, 전북대 이정덕 교수, 이상직 의원, 권강주 시인, 김충순 화가 등 그리고 유명한 동문들은 찾아보면 훨씬 많을 터. 그런데 중앙초등학교 아니 경기전에 자리했던 중앙국민학교에 야구부가 있었다. 중앙초 홈페이지에도 없는 사실이다.

여기 한국 야구의 자랑스러운 이름 셋이 있다. 어른들은 모두 추억할 콧수염 홈런왕 김봉연 그리고 젊은이들은 다 기억할 '어린왕자' 김원형 투수와 포수 박경완이 중앙 출신 스타다. 그들이 주고받는 볼을 주우러 가 보자.

완벽한 배터리, 박경완과 김원형

박경완과 김원형은 전주 중앙초등학교 6학년 시절부터 함께 배터리였다. 이들은, 전주 동중, 전주고를 거쳐, 전주 연고 쌍방울 레이더스에도 함께 입단한다. 김원형은 신인시절부터 제구력이 뛰어난 에이스였지만 박경원은 김원형의 볼 캐치용 선수로 입단한다.

야구는 투수놀음이다. 얼굴이 곱상해서 '어린 왕자'로 알려진 김원형은 1991년 8월 14일 광주 해태전에서 국보급투수 선동열 선수와의 맞대결에서 1:0 완봉승을 거두게 되는데, 19세 1개월 10일로 당시 최연소 기록이었다. 기록의 사나이 김원형은 1993년 4월 30일 전주 OB전에서는 최연소 노히트 노런(1사사구)을 기록한다. 이 기록은 전주구장에서

ⓒ 종걸

나온 처음이자 마지막 노히트 노런으로 남아있다.

　연봉 600만 원짜리 신고선수로 출발한 박경완은 당시 쌍방울 조범현 코치의 지도를 받은 후 1994년 주전 포수로 뛰기 시작한다. 박경완은, 그해 0.433의 도루저지율 부문 1위에 오르게 된다. 하지만 IMF 이후, 쌍방울 기업이 무너지기 시작하면서 박경완은 현대로 현금 트레이드되어 꽃을 피운다.

　이적 이후, 박경완이 타석에 들어섰을 때, 벤치에서 김원형에게 빈볼을 던지라는 사인이 떨어진다. 김원형은 차마 친구를 맞추지 못하고, 위협구만 몇 개 던지다가 퇴장당한다. 빛나는 우정이었다.

　현대 이적 직후 박경완은 4연타석 홈런에 40홈런으로 전성기를 맞는다. 홈런왕에 MVP, 포수 최초로 홈런과 도루 20-20클럽에 성공하는 동안 김원형 선수는 뼈아픈 부상과 쌍방울 레이더스의 해체로 SK로 이적한다. 2002년 SK에서 다시 만난 그들은 SK가 한국시리즈에 진출,

준우승을 차지하는 공을 세운다. 2004년 박경완은 홈런왕을 차지하고 김원형은 2007년 김성근 감독 지도 아래 한국시리즈에서 2패 뒤 4연승을 거두며 생애 첫 우승반지를 차지한다.

2012년 개막전, 김원형의 은퇴식이 열렸다. 김원형의 마지막 공을 받은 선수는 중앙초 동창 박경완 선수였다. 2014년 4월 5일, 인천문학구장에서 열린 박경완 선수의 영구결번식 겸 은퇴식에서 시구는 당연히 김원형이었다.

홈런왕 김봉연과 중앙초 야구부의 전설

홈런왕 김봉연은 3학년 가을, 교무실에 들어간 형이 야구부원들이랑 '짜장면' 먹는 것을 보고는 곧 바로 야구부에 등록한다. 선천적으로 좋은 체격 때문에 4학년 때부터 투수로 활약했다. 연습 때마다 '옥수수빵'이 간식으로 나왔고 경기가 끝나면 짜장면과 갈비탕을 먹을 수 있어서 야구에 빠졌다는 일화가 있다. 5학년 때 덕진 야구장에서 열린 전북 초등학교 야구대회에 전주시 대표로 선발된 김봉연은 3연타석 홈런 기록을 세운다. 김봉연은 투수로서도 호투를 했고, 그라운드를 누비며 상대팀을 제압했다. 초등학교 때부터 받은 백넘버 27번을 프로야구 때까지 고수했다.

김봉연은 해태 타이거즈의 거포로, 이른바 KKK포(김준환-김봉연-김성한)를 이루었던 부동의 4번 타자였다. '역전의 명수' 군산상고 이름

박경완과 김원형   군산상고 야구감독 석수철의 중앙초 선수시절과 부모님

도 그의 홈런에서 기인한 것. 김봉연은 1982년 해태 타이거즈에 입단, 원년 홈런왕을 차지한다. 1983년 교통사고를 당해 콧수염을 길러 흉터를 가리고 한 달 만에 한국시리즈에 나와 팀을 우승으로 이끌고 최우수선수에 올랐다. 1988년 은퇴하는 날까지 4번 타자만 했다.

끝으로 군산상고 전설의 멤버 중 한 사람, 나창기 호원대 야구감독 역시 전주 중앙초등학교 4학년 때 야구를 시작했는데 그의 전언, "당시 담임선생님 말씀에 의하면 중앙초 야구부는 졸업 때까지 90전 83승으로 성적이 좋았답니다." 와우!

전주 깊이 알기

1952. 8. 3 2회에 걸쳐 내무장관을 역임한 조병옥 박사가 부대통령 선거에 출마하여 전주 중앙국민학교 교정에서 자신의 정견 피력.
1990. 11. 18 전주중앙초등학교 교정에서 김대중 총재의 국정보고 대회 진행
[출처: 전주시사(全州市史)]

東門文化

전주 지식의 텃밭, 동문 서점거리

서울에 명동성당이 있다면 전주에는 전동성당이 있다. 서울에 충무로가 있다면 전주에 동문거리가 있다. 전주 어른들에게 동문거리는 보통 미원탑(요즘은 홍지서림)에서 병무청 사거리(코아아울렛 자리)에 이르는 길이다. 이 길지 않은 거리와 블록은 옛날부터 지금까지 전주시민들에게 문화 1번지로 각인돼 있다.

동문에 서점거리가 있다. 왕년의 전주 완판본으로 유명한 인쇄거리와 더불어 지적 문화도시의 상징인 셈이다. 책도 중요하지만 사실 책을 볼 줄 아는 사람들이 그 가치를 만든다. 그 수준이 완판본을 만들어 냈고 책방거리를 만든 것이다. 예술가와 전주 지식인층은 말할 것 없고 가까이에 전주고와 전주여고, 성심여고와 그 아래로는 재수생군단이라 할 만한 대성학원까지 거대한 군락을 이루고 있었으니.

전주에 책방冊房이나 서점書店이 많은 이유는 당연히 전주 사람들이 책을 사랑하기 때문일 것이다. 그런데 전주에 민중서관이 사라졌다. 부끄러운 일이다. 그 자리에 책을 멀리하느라 눈이 나빠진 사람들을 위

홍지서림
288 5311

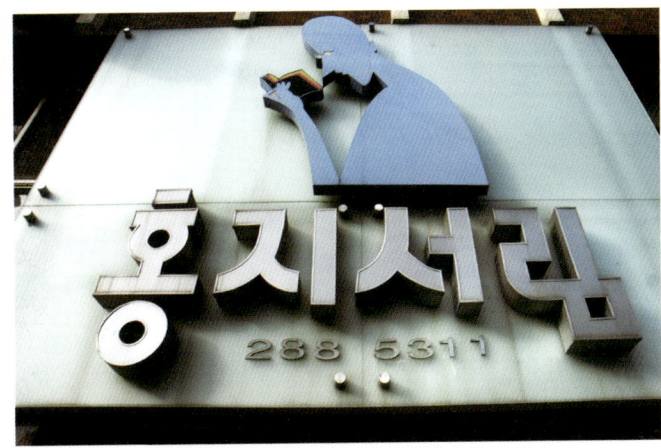

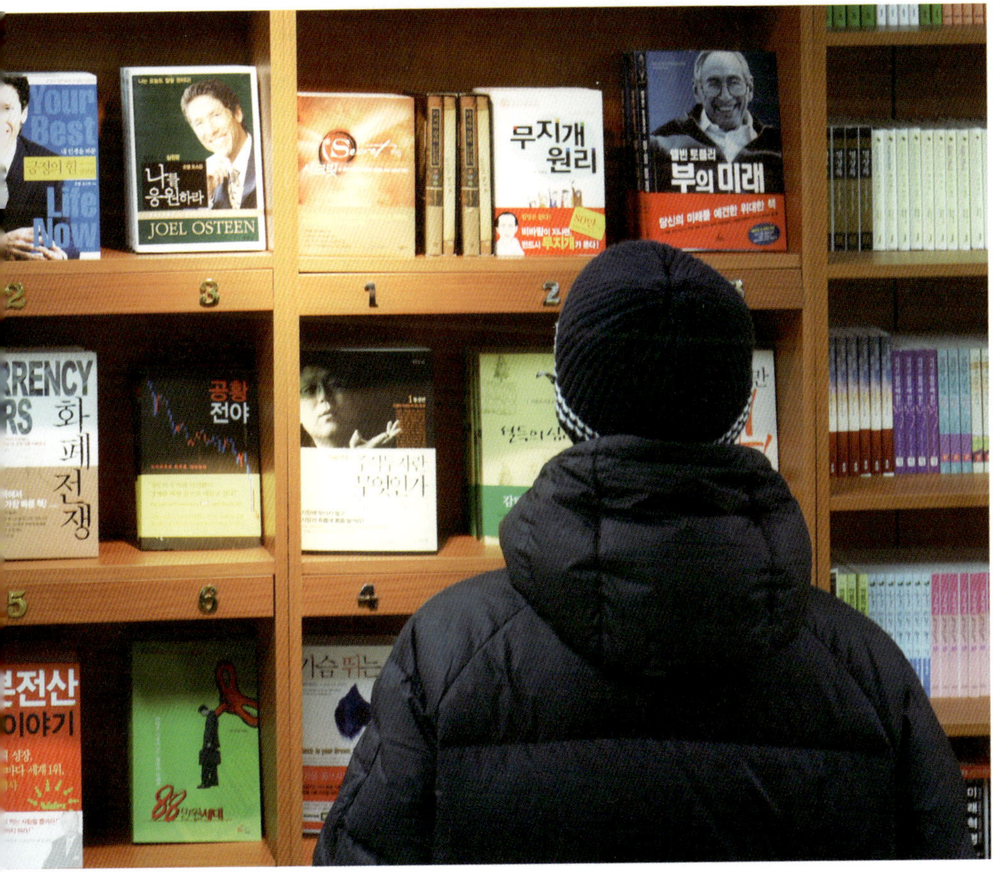
나를 응원하라
JOEL OSTEEN
무지개 원리
부의 미래
화폐전쟁
공황 전야

해 안경점이 자리 잡았다. 아니 그 전에 문성당은 진즉 사라졌다. 그래도 '홍지'가 있다. 홍지서림을 모르면 전주 사람이 아니다. 홍지서림은 1963년에 지금의 동문사거리 너머 참고서 서점으로 출발했다. 학생시절을 보낸 사람치고 홍지서림에서 참고서나 교양서 한 권 안 사 본 사람은 없을 것이다. 소설가 최명희부터 은희경, 이병천과 박배엽 시인이 책을 사던 곳이었다. 책을 훔치는 학생들도 많았다. 선수들은 책을 훔친 뒤 분위기가 찜찜하다 싶으면, 친구나 후배를 시켜서까지 원하던 문학책을 기어이 손에 넣었다. 그리고 훔친 책은 깨끗이 보았다. 왜? 그 책을 헌책방에 팔아야 후문집에서 막걸리를 마실 수 있으니. 이 서점을 전주출신 소설가 양귀자가 1998년에 인수했다.

이 거리에 김용택 시인의 이야기가 있다. 잠시 들어보자.

월급을 타면 평일이어도 나는 바로 전주로 가서 얼른 책부터 샀다. 동생들 집에 먼저 들르면 포도시 집에 갈 차비만 남았다. 아니 차비만 남겼다. 언제나 책에 기갈이 들어 있어 보고 싶은 책을 쳐다보다 책방을 나와 터덜터덜 걸었던 것이다. 그리고 집에 오면 내 주머니엔 돈이 없었다.

나는 그때 무슨 책이든 다 읽었다. 일요일이면 전주 서점에 가서 못 사본 책이나 문학잡지 속의 시들을 다 읽고 나왔다. 책방 주인이나 점원들은 나를 좋아했다. 그때 처음 들른 서점이 문성당이고 그 다음이 옛 홍지서림이었다. 80년대 들어서 노동길이 운영하는 금강서점에 들러 외상으로 사보곤 했다.

경원동 홍지서림 일대는 헌책방 골목으로도 유명하다. 옛날돈과 우표 같은 것도 함께 팔았던 헌책방은 좁다란 통로만 빼놓고 전부 책을 꽂아 놓거나 쌓아 놓고, 그래도 공간이 모자라는 경우에는 책을 이중 삼중으로 쌓아 둔다. 어린이 책들은 한 곳에서 나온 듯해 대개 노끈으로 감아 세트로 묶여있다. 여기를 뒤지는 맛에 헌 책방을 간다.

그런데 번듯한 알라딘 중고서점 전주점이 객사 뒤에 들어서면서 헌책방들은 하나 둘 사라지고 있다. 짧은 시간 속에 '비사벌 책방'과 '책과 사람들', '책천지'가 사라졌다. 중고를 찾는 멋이 사라지고 교육과정이 바뀌니 학생들도 헌책방을 찾지 않는다. 홍지서림 옆에 자리한 한가서림은 한가네 서점으로 간판을 바꾸어달았다. 바로 그 옆에 자리했던 꼬비서점은 문을 닫았다. 태양서림과 안쪽에 들어가 있는 일신서림만이 간신히 영업을 하지만 언제 사라질지 모른다.

시인 김용택과 고서점

시인이 되기 전 외로운 초등학교 선생이던 김용택은 휴일 아침 임실 덕치 집에서 지게를 지고 간이정류장까지 간다. 지게 위에는 커다란 더블백이 있었다. 전주행 직행에서 내린 그는 걷고 걸어 동문 헌책방거리를 향한다. 거기서 만난 문학 책들을 권당 10원 20원에 사서 몽땅 쟁여 넣는다. 주로 '현대문학'이나 '월간문학' 등이었다. 아직 창비는 잘 모를 때였다고. 그는 무거워진 가방을 들고 버스터미널로 향한다. 아니 그때는 배차장이었다. 검은 뿔테 안경을 쓴 그는 배가 부른 것처럼 행복한 마음으로 임실 강진으로 향한다. 거기 내리면 아침에 받쳐둔 지게가 기다리고 있다. 그 지게에 책을 올리고 십리 길을 걷는다. 족히 한 시간은 걸린다. '전라도 실핏줄' 같은 섬진강 시인은 이렇게 동문거리 헌 책방에서 서서히 완성되어 갔다.

동문예술거리는 매주 수요일에 행사가 열린다. 여기 한옥마을이 번성하면서 작은 카페들이 하나둘씩 늘어난다. 다시 문화의 중심지가 되긴 했는데 한옥마을이 침체기일 때 들어와 살던 화가와 시인들은 모두 떠나고 없다.

사라진 것들1. 온다라 미술관

동문사거리에는 지금도 미술학원들이 많다. 여기 홍지 옆에 미술관이 있었다. 1987년 말, '온다라 미술관'이 개관했다. 김인철이라는 젊은이가 겁도 없이 연 사설 미술관이었다. 보수적 화풍이 강한 전주에 실천 미술과 민족 미술운동을 견지한 작품들이 전시되는 공간이 주는 충격은 컸다.

1987년 10월 1일 개관 기념 '신학철 초대전'은 꼴라주 기법을 사용해 거칠고 강한 톤으로 그려낸 그림들에 전주시민의 눈은 커졌다. 민족민중미술의 중심에 있던 임옥상의 강렬한 색깔의 아프리카 식민지에 대한 유화 그림들과 이종구의 비료푸대에 그린 농민들의 얼굴을 담은 그림은 미술의 사회적 역할에 대한 새로운 눈뜸을 주었다. 홍성담, 김경주, 남궁 산, 이철수의 판화와 김호석의 인물화의 세밀한 필치는 전주 사람들의 사랑을 받은 그림들이었다. 또한 지금은 대가가 된 강요배의 그림을 전주에서 볼 수 있는 기회이기도 했다.

온다라는 북한 사진전, 중국 목판화전을 비롯한 각종 기획전을 꾸준히 이어갔으며 박민평, 이철량 등 이 지역 작가의 초대전에도 게으르지 않았다. 시민문화 강좌를 기획하고 초대한 수많은 전시회와 강연들은 이 지역 미술계에 적지 않는 영향을 미쳤다. 온다라는 개관 5년 만에 운영상 적자를 면치 못하고 문을 닫는다. 2005년 전주 온다라미술관 김인철 관장은 그동안 수집한 민중미술 작품 450점을 부산민주공원에 기증한다. 장한 일이고 또한 아까운 일이다.

사라진 것들2. 필하모니

전주에서 청년 시절을 보낸 사오십대들은 장미호떡, 이상커피숍 등을 기억한다. 그 공간이 아해들의 공간이었다면 '필하모니'는 품위의 공간이었다. 전주 시내에 오직 하나뿐이었던 클래식 음악감상실 필하모니는 진공관 앰프에 벽면을 차지하던 대형 스피커 두 개는 손님을 압도하는 위엄이 있었다. 때문에 담배나 음료는 저쪽 휴게실에서만 가능했고 감상실에서는 고요히 음악만 들어야 했지만 젊은이들은 이 공간을 사랑했다.

지금은 한의사가 된 시인 지망생 DJ 권강주씨가 학생이던 시절, 스피커 중간에 있는 삼각대 이젤 작은 칠판에 유려한 글씨로 작품명을 써놓고 휘리릭 음악부스로 들어가면 관객들은 고동색 깊은 소파에 몸을 담고 클래식의 세계에 빠져들었다.

이때 적자를 감수한 이남식 씨는 후일 전주MBC라디오 PD로 일하면서 '이남식의 음악여행'이란 코너를 통해 많은 세계음악을 들려주었다. 언젠가 다시 필하모니를 열고 싶다고 하는 이씨는 지금 목수가 되어 운암 호숫가에 살고 있다.

사라진 것들3. 금강서점

암울했을 때 지역 활동가를 모으기 위해 탄생한 곳이 금강서점이다. 사회운동가 노동길, 박종훈 씨 등이 주축이 돼서 만든 이 서점은 주로 사회과학 서적들을 취급했다. 거기서 의식있는 젊은이들은 '해전(해방전후사의 인식)'과 '전논(전환시대의 논리)'과 '황토'를 샀다. 이 서점은 책만 판 것이 아니라 민주화 운동을 통해서 감옥 가는 사람들에게 담요를 넣어주고 갈 곳 없는 민가협 어머니들의 쉼터이기도 했다. 서점에서 책을 사러오는 과정에서 젊은 시인과 문화예술인들을 자주 만날 수 있는 곳으로 시인 박남준은 박배엽 시인을 이곳에서 처음 만난 곳으로 기억한다.

촉탁사서, '천하의 박봉우' 시인

'천하의 박봉우朴鳳宇'는 1934년 순천에서 태어난 시인이지만 말년을 전주시립도서관 사서로 보냈다. 도서관에서 자전거를 끌고 나오는 오척 단신에 긴 얼굴을 한 늙은 시인은 동문거리 막걸리집에서 용케도 문인들을 찾아내었다. 순례였다. 박봉우 시인은 즐겨 찾던 전라회관 앞에 있는 주점 '고향집'과 가톨릭센터 주변 '순천집'에 자주 출몰했다. 그를 '휴전선 시인'이라고 불렀는데, 고등학교 문학교과서에도 실려 있는 그의 시를 잠깐 보자. 1956년 조선일보 신춘문예 당선작이다.

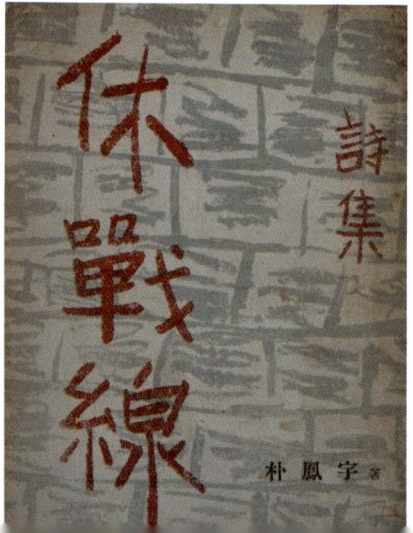

山과 山이 마주 향하고 믿음이 없는 얼굴과 얼굴이 마주 향한 항시 어두움 속에서
꼭 한 번은 천둥 같은 火山이 일어날 것을 알면서 요런 姿勢로 꽃이 되어야 쓰는가.
(중략)언제 한 번은 불고야 말 독사의 혀같이 징그러운 바람이여. 너도 이미 아는 모진 겨우살이를 또 한 번 겪으라는가. 아무런 罪도 없이 피어난 꽃은 시방의 자리에서 얼마를 더 살아야 하는가. 아름다운 길은 이뿐인가.
山과 山이 마주 향하고 믿음이 없는 얼굴과 얼굴이 마주 향한 항시 어두움 속에서 꼭 한 번은 천둥 같은 火山이 일어날 것을 알면서 요런 姿勢로 꽃이 되어야 쓰는가.

- 박봉우, 「휴전선」

엄혹한 시절이었는데, 박봉우는 분단의 비극을 절절히 표현한 시 「休戰線」으로 한국문단에 천둥 같은 화산의 충격을 주었다. 전쟁 이후 대다수 시인들이 모더니즘이라는 이름으로 찻집에서 귓속말을 전할 때, 민족분단의 현실과 사회적 부조리에 아낌없는 울분과 저항의 목소리를 터뜨렸다. "나, 박봉우가 김일성을 만나러 평양으로 가려 하는데…. 나, 박봉우가 평양간단 말이야." 박정희 정권 시절 광화문 앞에서 실례하다가 경찰관에 붙들려서도 "야, 임마! 내가 대통령이여, 대통령! 시인 공화국 대통령이란 말이여!" 큰소리를 치며 귀싸대기를 붙였다는 민폐성 전설이 있다.

박봉우는 4·19 진달래를 통해 민주주의의 희망을 보았지만 이내 5·16으로 극심한 절망에 사로잡힌다. "이젠 진달래도 피면 무엇하리"하는 '서울 하야식'이라는 시를 쓰고 서울에서 전주에 내려오게 된다. 친구들이 광주고 동기 동창이었던 당시 이효계 전주시장에게 부탁하여, 전주시립도서관 촉탁사서 작은 자리를 내 준다. 시인 이시영은 아래와 같은 산문시를 남긴다.

> 이가 거의 다 빠진 합죽이 박봉우 시인이 내 손을 잡고 껄껄 웃으며 말했다. "시영이 자네를 팔아 술깨나 얻어먹었네 그려!" 생애 후반의 대부분을 전주시립도서관의 따분한 직원으로 얹혀 지낸 시인은 술 생각이 간절한 저녁이면 인근의 지인들에게 전화하여 "창비에 있는 이시영이가 자네 시집을 내주기로 했다"고 속여 공술을 자주 대접받았다고 하는데 그중에는 내 고등학교 때의 은사 이 모某 선생님도 계셨다.
>
> — 이시영, 『우리의 죽은 자들을 위해』 가운데

박봉우는 전주의 글쟁이들에게 안타깝고 귀여운 공공의 적으로 민폐 1호였다. 전주 문인들은 삶에 지친 그에게 자의반 타의반 막걸리 잔을 안겼다. 박봉우는 전주 지인들의 너그러움 덕에 직장에서 잘리지도 않았고, 동문시장에서 남부시장까지 막걸리에 취해 분단의 시대를 보냈다. 박배엽 시인 그리고 극작가 곽병창은 현 KT전주지사 자리에 있던 도서관을 찾아가 동문 근처 막걸리집으로 모시고 가서 그의 지루한 통일론을 들어주었다. 물론 이병천 작가와 김용택 시인과 백학기 시인이 그를 지성으로 모셨다.

박봉우는 나이 어린 청년 시인 안도현에게 꼭 "어이 전봉준"하고 불렀다. 조국에 대한 순정을 지키다 고장나버린 시인이 '세상에 알려지지 않은 입법자'라는 것을 그때 젊은 시인들은 이미 알고 있었고 존경했다. 그에게 막걸리는 전주의 문인들이 지출하는 무상 급식이었다. 박봉우 그마저 없었다면 전주는 아직도 전통의 아름다움만 붙잡고 있지 않았을까?

'직업이 조국'인 천하의 박봉우 그는 세 자녀의 이름도 각각 하나, 나라, 겨레로 지었다. 조국통일을 염원하면서 지은 이름일 것이다. 박봉우를 자주 찾던 시인 백학기는 그의 장례식 '민족시인 박봉우 선생 장'에서 조시를 읊고 후일 신동아 논픽션에 〈내 가슴 속에 남아 있는 천하의 박봉우〉를 써서 그를 기억하게 했다. 여기 전주의 칼럼니스트 정상권이 전하는 박봉우 일화 하나를 소개한다.

그는 언제나 술을 마셨다. 그는 언제나 이 골목 저 골목을 흔들리면서 걸었다. 그러다가 누군가를 만나면 막걸리 사마실 돈 3백원만 달라면서 손을 내밀었다. 그때나 지금이나 전주의 막걸리집 인심은 후한 편이어서 술값만 내면 안주는 공짜였으니, 전주에는 밥보다 술을 좋아했던 풍류객들이 넘쳐났다.

후줄근한 바지에, 빛바랜 흰색 와이셔츠는 박봉우시인의 트레이드 마크였다. 그는 자주 전주우체국부근이거나, 동문사거리 부근에서 입맛을 쩝쩝 다시며 누군가를 기다리곤 했다. 박봉우시인은 전주에 살면서는 누구보다도 전주를 사랑하는 전주 사람이었다. 1985년 박봉우시인이 츄리닝차림으로 나타났더라는 것이다.

"선생님 왠 츄리닝이세요"

"응, 전주 사람들 참 이상해"

"왜요"

"아, 전주고등학교 야구부가 전국대회에서 우승을 했는데, 전주 사람들은 기쁘지도 않은가봐. 그래서 나 혼자라도 전고 야구부 우승을 축하하려고 츄리닝 한 벌 사서 입었지"

전주고 야구팀이 제39회 황금사자기 전국 고교 야구대회에서 박시인의 고향의 학교 광주진흥고를 9대2로 누르고 우승하자, 전주 사람 어느 누구보다도 기뻐하고 즐거워할 줄 알았던 이가 바로 박봉우 시인이었던 것이다.

1990년 3월 1일, 전주시립도서관 촉탁사서로 재직 중 지병으로 별세한 민족시인 박봉우는 전주시립효자공원묘지에 안장되었다. 동아일보 김중배논설위원은 후일 그를 일러 '조선의 광목폭을 찢어 만든 깃발과도 같다'면서 애도했다. 2001년 임진강역 구내에 그의 대표 시 '휴전선'을 새긴 시비가 건립되었다. 전주에는 아직도 그의 시비가 없다.

완동문에서 팔달로까지

유네스코 맥주 창의거리

　리버풀의 노동자들은 일과가 끝나면 맥주집과 축구장으로 향한다. 동문 가맥거리는 인쇄거리와 가까운 곳이다. 전주는 가맥이다. 처음에 인쇄골목 노동자나 신문기자들이 진을 친 후에 이렇듯 번성한 가맥골목이 되었다.

　한지산업센터 뒤쪽, 전북대 사회교육원 사거리에 '전일슈퍼', '그린슈퍼', 옛 봉래원예식장 사거리의 '영동슈퍼', 동문거리의 '임실슈퍼', 풍남문에서 웨딩거리 가기 전 '초원슈퍼' 등은 사대문 안 가맥 프리미어리그를 벌인다. 외지 호프집에서 3부리그 선수들이나 손에 들던 눅눅한 땅콩과 북어를 생각하던 술꾼들은 일단 쩍 벌린 황태의 사이즈에 놀란다. 노가리도 좋지만 갑오징어와 계란말이를 시키는 걸 보면 '아, 이 양반 술 좀 마셨구나' 하고 짐작을 한다. 안도현 시인은 다음과 같이 말했다.

　경원동의 슈퍼 몇 군데가 원조로 알려져 있는데 전주 시내에 가맥이 없는 동네는 없다. 짐작하건대 수백 군데 될 것이다. 2차를 가야 직성이 풀리는 술꾼들에게도 필수 코스다. 계산은 탁자 밑의 맥주상자에 꽂힌 빈 병을 헤아리는 것으로 끝.

오징어보다 질기기 때문에 갑오징어는 망치로 두드려 살을 부드럽게 해야 한다. 최근에는 무쇠 기계를 개발해 갑오징어를 탕탕 두드리는 집들도 생겨났다. 가맥집 번창의 일등공신으로 독특한 양념장 맛을 꼽기도 한다. 맵고도 달달한, 형용할 수 없는….

가맥이 '스트리트 비어'인지 아니면 '가게 맥주', '가정용 맥주'의 준말인지는 아직 학설이 분분하다. 가게마다 '휴게실'이라는 간판이 붙어 있는데 슈퍼 같기도 하고 음식점 같기도 하다. 그래서 전일슈퍼에는 전일갑오라는 간판이 하나 더 붙어있다. 양복쟁이부터 '끈 나시' 입은 처녀들까지 노가리 안주처럼 다닥다닥 붙어 앉아 '열맥'하고 있다. 맥주의 성지답게 어른 앞에서는 소리 좀 죽이고 주위에 참한 여성이 있으면 음담패설은 삼가는 것이 이 동네 매너다.

S석, R석 그런 것 없다. 소음이 편안함이 되는 공간, 넘침 앞에 죄스럽지 않은 평등한 공간이다. 맥주 기본 세 병을 이모가 부려 주고나면 알아서 손님들이 가져다 먹는다. 옛날 초등학교 콩나물 교실 같은 가맥집 분위기에 손님이나 주인 모두 '헛째'가 없다. 절제다. 절제는 인테리어에도 있다. 럭셔리에 질린 서울 사람들에게는 낡은 의자나 탁자도 그저 신기할 뿐. 거기다, 주차장 없이도 가게문을 여는 배짱이 통하는 동네다. 왜? 맛있으니까, 멋있으니까.

맥주도둑, 장맛

스테인레스 쟁반에 넓적하니 몸을 벌린 황태가 나온다. 동해에서 명태로 잡혀와 강원도 덕장을 거쳐 황태로 변신한 이 안주감은 이곳 전주슈퍼에 와서 연탄불 위에 오르면 삼 실꾸리처럼 잘 퍼져 고소한 냄새를 풍기며 장맛과 황금의 조화를 이루어 낸다. 윷놀이 깍쟁이에 쓰면 딱 좋을 작은 종지에 든 작게 썬 알싸한 청양고추와 참깨가 들어간 그 달

착지근한 소스 장맛이 가맥의 역사를 새로 썼다.

　홍상수 감독이 전주서 만든 영화 〈어떤 방문〉 제작발표회에서 배우 이선균이 '가맥집의 황태를 잊을 수 없다.'고 한 말은 아마 중독성 짙은 장맛에 대한 느낌이 아니었을까? 이런 맛을 본 전주 주당들은 골뱅이에 눅눅한 땅콩 한 접시 놓고 마시는 외부 호프집에 가서 '장맛이 있네, 없네' 잔소리를 한다. 전주라고, 어디 막걸리나 맥주 자체가 맛있겠는가? 안주다. 식당의 분위기다. 가맥 때문에 전주는 포장마차가 설 땅이 없다. 아니 술집 하기 어려운 곳이 전주다.

다시 평등, 가맥

　저 옛날 정미소에서나 쓸 성 싶은 벨트 달린 망치로 갑오징어 두들겨 패는 소리를 들어보지 못했다면, 술꾼이 아니다. 고추와 당근이 잘 다져진 노릇노릇하고 단단한 2층 계란말이와 딱딱하고 두툼한 갑오징어가 부드럽게 씹히는 맛을 안 본 사람은 전주를 봤다고 말을 하지 마시라. '전일슈퍼'의 풍경을 두고 최기우 작가는 '한반도의 가맥'이라고 했다. 말 된다. 질문 하나. 이 가게가 나이트클럽 못지않게 맥주회사의 특별한 물관리가 필요한 이유는? 가게 밖에 쌓아둔 맥주박스가 대답할 문제다.

　이 동네 '슈퍼'에는 특기와 적성을 살려 사진 찍으러 오는 서울 촌놈, 아예 계란말이만 손을 대는 안주도둑, 수다 떨러 오는 사람들로 항상

전주가맥원조
영동슈퍼
Yeong Dong Supermarket
T. 283-4997
직원 및 아르바이트 모집
All New 하이트
통닭이 맛있기로 소문난 가맥집
튀김닭발 서비스 / 모든메뉴 포장가능 T.283-4997

초원편의점
24시편의점
전주모자점
컴퓨터자수 T.284-5838
초원편의점
287-1763
명찰
전주모자점

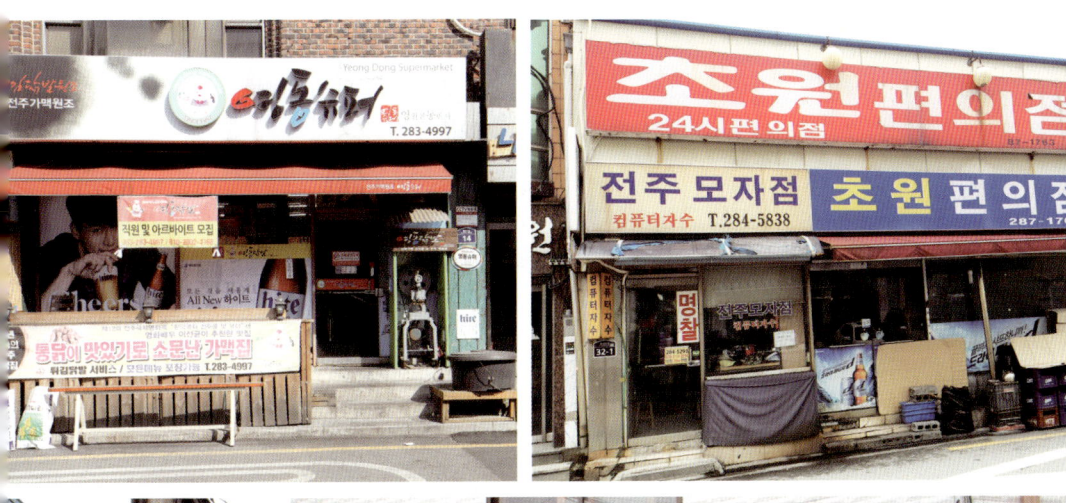

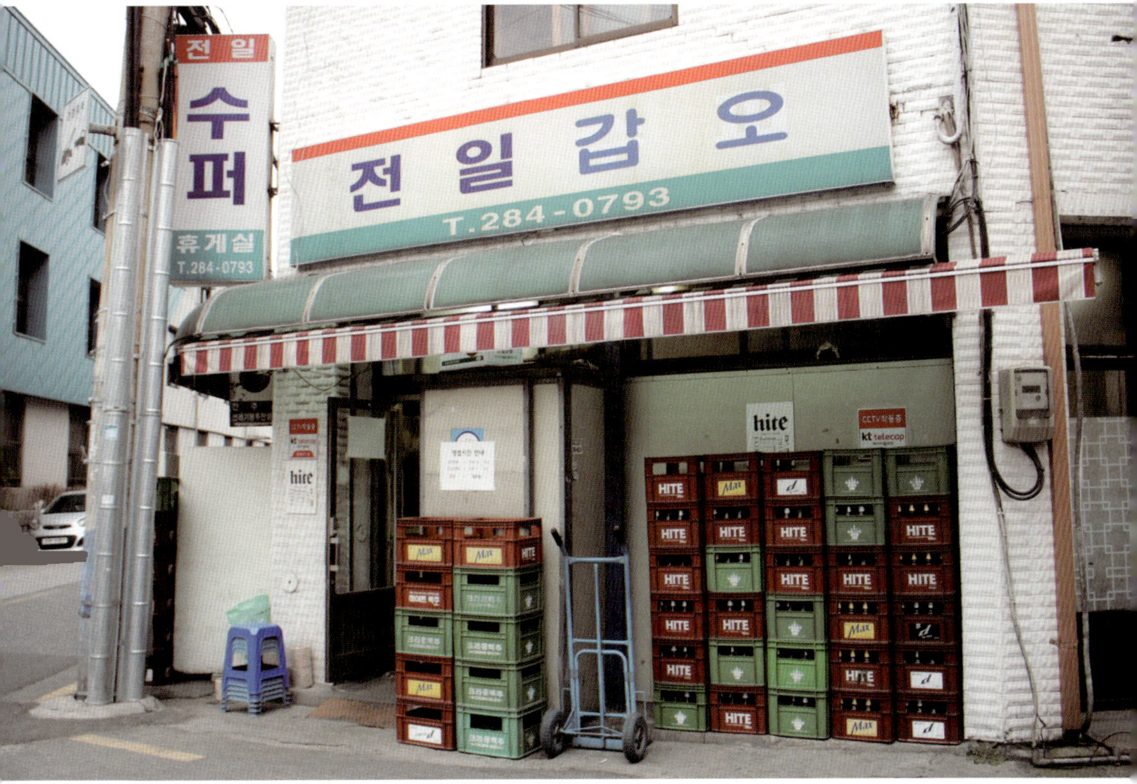
전일
수퍼
휴게실
T.284-0793
전일갑오
T.284-0793
hite
CCTV작동중
kt telecop
HITE
Max

만원이다. 벤츠 탄 아저씨도 빈티지체험을 위해서 오는 것은 아니다. 사실 안주 종류도 그리 많지 않고 술은 셀프로 가져다 먹어야 하니 이건 주인을 위한 술집이다.

전주 술꾼들은 이쪽 슈퍼에서 맥주를 마시면서 기업형 가맥인 저쪽을 탐하지 않는다. 기회비용에 큰 의미가 없기 때문에. '영동슈퍼'는 튀김닭발이 기본안주고, 교실 수준으로 확장한 '임실슈퍼' 특별 레시피는 수제비 띄운 명태대가리국이다. 집집마다 피나는 노력으로 안주를 개발 중인 것.

내는 사람은 한 턱 쏘는 느낌이 팍 드니 불역낙호아? 그렇다고 얻어먹는 사람도 부담을 덜 느끼는 착한 가격 때문에 전주에서 술 마시기를

2015 전주가맥축제 현장

엿보던 '엄병한' 전주 밖 술꾼들이 가끔 모험을 저지른다. 자기 사는 지역에 전주식 가맥집을 여는 것. 일단 적은 자본으로 시설비 많이 들지 않으니 쉽게 뛰어든다. 그러나 쉽게 실패한다. 왜? 장맛은 나름 창조할 수 있겠지만 그 전주 사람들이 술을 즐기는 마인드, 술 앞의 평등한 문화는 쉽게 만들 수 없기 때문이다. 근데, 유네스코에서 맥주창의거리를 지정했냐고? 에이, 뭘?

시인 박남준과 새벽강

새벽강은 경원동 한옥마을 입구 경향신문지국 2층에 자리한 간판 그대로 '술'집이다. 시인 박남준 등과 함께 풍물패 '갠지갠' 활동을 했던 '은자 언니'가 20여 년 전 전주의 문화예술인, 사회운동가들의 사랑방 삼아 연 집이다. 박민평, 지용출, 유대수 등 지역의 유명한 화가들의 작품이 많이 걸려있는 것을 보면 갤러리 같기도 한데 새벽이 가까워지면 이 집은 소리청이 된다. 안주는 어른 입맛이고 음악은 젊은 취향으로 실력만 되면 기타나 북을 잡아도 누가 신경 쓰지 않는다. 젊은 문청과 화가 음악가들이 단골이고 서울에서 블로그를 보고 찾아온 외부인들은 "아니 전주 사람들은 맨날 이렇게 노냐?"고 묻는다. 어디 그러겠는가? 아참, 새벽강 아래에는 홍어를 잘하던 '영산강'이란 막걸리 집이 있었는데 화가들과 시인들 그리고 홍어집도 지금은 사라지고 없다.

해 뜰 때 장에서 먹는 국밥?

가뭄에도 콩은 난다. 콩에는 단백질이 많다. 누구나 해먹을 수 있는 요리다. 그러나 아무나 콩나물의 비린내를 잡을 수는 없다. 소금을 약간 넣으면 비린내가 덜 하다는 이야기도 있다. 젊은 새댁이 삶다보면 아예 데쳐지는 경우도 많은데 콩나물을 적당히 통통하게 삶아내는 것도 기술. 물과 불이 뚝배기를 사이에 두고 끓는다. 물론 주모의 솜씨가 천 냥이다. 전주에서는….

술에 쓰린 속을 푸는 국밥, 해가 뜰 때 장에서 먹는 국밥이 해장국의 줄임말이라는 두 가지 설이 있다. 어쨌거나 전주 사람들은 콩나물로 해장국을 만들어 먹고 이것은 곧 전국 표준이 되어 퍼져나갔다. 아스파라긴산 같은 어려운 이야기는 하지 말자. 쓰린 속에게 미안해서 고추와 다져진 마늘과 파송송 들어간 얼큰하고 시원한 국물을 속에 붓는 것이다.

전주 사람들의 유구한 술문화는 해장국문화를 만든다. 양반의 습성 때문일까? 전주 사람들은 북어 해장국 혹은 뼈다귀 해장국이나 선지 해장국보다 콩나물 해장국을 선호한다. 1차 막걸리에 2차로 가맥을 한

후, 콩나물 해장국으로 술에 쓰린 장을 풀고 속을 달랜다. 부성 안에는 서문에 가까운 삼백집과 삼일관이 유명하고 동문거리는 가히 콩나물국밥 밸리라 할 정도로 성시를 이루고 있지만 그 시작은 남문이었다.

전주에서는 함부로 원조라는 말을 쓰지 않는다. 입맛 까다로운 양반들 앞에서 까불지 않겠다는 조용한 표시다. 뚝배기에 밥과 콩나물을 넣고 갖은 양념을 곁들여 뜨겁게 끓여 나오면 '삼백집 스타일'이고 뜨거운 국물에 말아서 내면 '남부시장 스타일'이다. 삼백집 이외에는 거의 남부시장 스타일로 하고 있다고 보면 맞다. 남문시장 안에 현대옥이라는 전설의 콩나물국밥 아주머니는 지금은 쉬신다.

국밥에 그대로 밥을 투척하면 촌놈이다. 콩나물국밥의 국물 맛을 변

질시킬 수 있기 때문에. 밥과 콩나물을 너무 많이 넣는 사람도 촌놈이다. 밥과 콩나물이 국물을 죄다 빨아들여 국물맛이 텁텁해지니까. 수란이나 김은 어떻게? 알아서 손으로 찢어서 섞어 먹으면 거의 전주 술꾼이다.

　술 못 마시는 사람을 위해 모주를 권하는 도시가 전주다. 콩나물국밥에는 해장용 아이템 모주가 어울린다. 막걸리에 생강·대추·감초·인삼·칡·계핏가루 등 여러 가지 한약 재료를 넣고 푹 끓여 식힌 것이 모주다. 목 넘김이 부드럽고 달착지근하여 여성들도 아침부터 마시기에도 좋다. 뜨끈하게 먹으면 속이 따땃하고 여름에는 차갑게 먹어도 맛있다. 남부시장의 콩나물국밥집으로는 2동의 운암식당이 잘 나가고, 3동의 그때그집, 우정집, 6동의 다올콩나물국밥 등이 있다.

나는 지난밤에 네가 한 일을 알고 있다

　이리(현 익산)에서 주먹 자랑하지 말고, 전주에서 술 자랑하지 말라는 말이 있지만 n+1차의 술을 마시고 주당이 마지막으로 들르는 성지가 바로 여기였다. 할머니가 괜히 욕쟁이가 되었을까? 이 동네는 왜정시대부터 유곽이 가까운 곳이었고 70년대만 해도 이 동네는 불야성이었다. 몇 차를 마신 지 모르는 술꾼, 좋은 끗발 오르기를 기다린 도박꾼, 핼쑥한 오입쟁이들이 새벽에 들르면 할머니는 '오살할 놈들' 하고 욕을 퍼부었다. 나는 네가 지난 밤에 한 일을 모두 알고 있다는 말씀이렷다. 밤거

　리의 뒷골목을 누비고 다닌 맨발의 청춘들에게 거리의 자식이라 욕을 해대는 것이다. 건달들은 할머니가 욕을 섞어 끓여주는 콩나물국밥에 모주 한잔을 곁들여서 전날 마신 술로 거북한 속을 풀면서 반성했을까? 욕쟁이 할머니에게 까인들 뭐 대수랴? 이것이 자잘한 일상이 되는데.

　전주 시찰을 나왔다가 술을 마신 다음날 해장을 위해 찾아온 박정희 대통령에게도 욕을 한바가지 퍼부어주셨다는 전설이 남아있는 할머니는 돌아가신지 오래되어 그 아들이 운영하고 있다. 예전에는 하루 300그릇 팔면 땡 친다고 해서 삼백집이라는 이름이 붙었는데 물론 지금은 그렇지 않다. 곁들이로 돼지고기 장조림은 좀 짠데, 국물 간하는데 쓰라는 용도다. 아, 이 집은 선지국밥도 깔끔하다.

동문 콩나물국밥 밸리

왱이집. 이름 좋다. 동문사거리 안쪽에 자리한 식당은 70년대 풍이지만 주차장이 대궐이다. 하루에 천 그릇 이상을 파는데 콩나물국밥만 한다. '손님이 주무시는 동안에도 육수는 끓고 있다.'는 카피가 걸린 콩나물국밥의 기본 육수는 대파, 양파, 보리새우, 명태대가리, 다시마 그리고 무와 콩나물 삶은 물을 섞어 만든다. 그런데 집에서 하면 잘 안 된다. 간은 먹는 이가 새우젓으로 맞춘다. 해물을 좋아하는 이를 위한 데친 오징어는 선택이다. 왱이집은 체인점을 만들지 않는다.

전주에서 콩나물장사를 해서 망한 집이 없다는 말이 있다. 왱이집에 사람들이 벌떼처럼 왱왱거리며 몰려오자 헌책방거리였던 동문사거리 일대에는 콩나물국밥을 판매하는 업소들이 늘어나서 동문원, 다래, 풍전 등 콩나물국밥 밸리가 조성될 정도로 음식점 거리로 변하였다. 콩으로 메주를 쑨다고 해도 안 믿는 사람들도 전주 콩나물국밥은 맛있다고 믿는다.

콩 심은데 콩 나지만 콩 나는 곳에 다 콩나물국밥이 있는 것은 아니다. 전주 콩나물국밥은 슬로푸드지만 빨리 먹어도 좋다. 빨리 먹고 느리게 걸으면 되니까. 빨리 전주에 달려와서 천천히 걷고 늦게 일어나시라. 전주에서는.

삼백집
삼일관

다래 콩나물국밥
어서오십시오
다래 다래
24시
다래콩나

전주왱이콩나물
왱이주차장 왱이
왱이

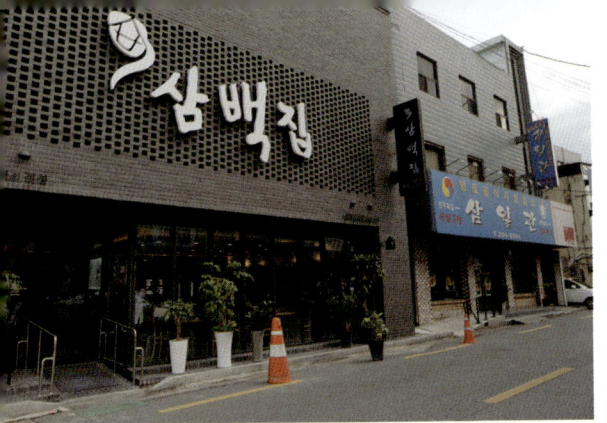

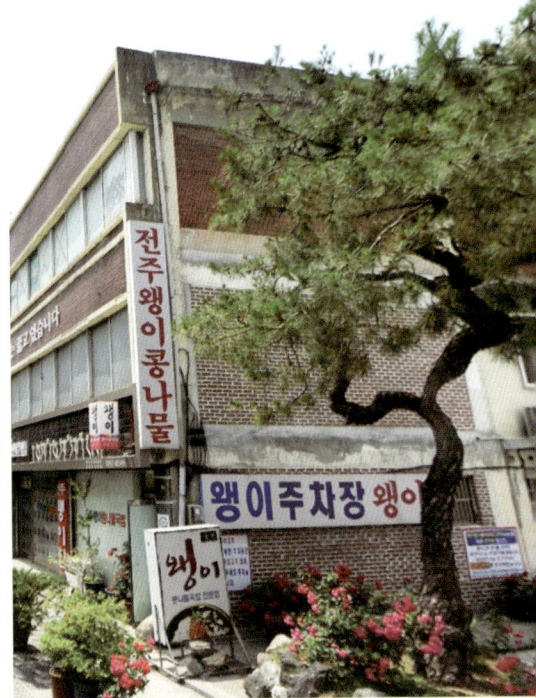

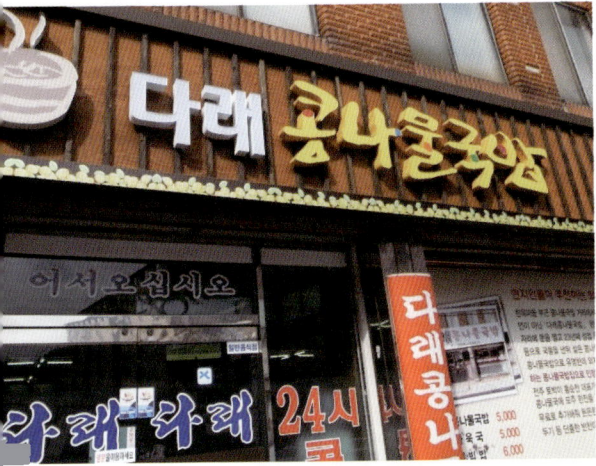

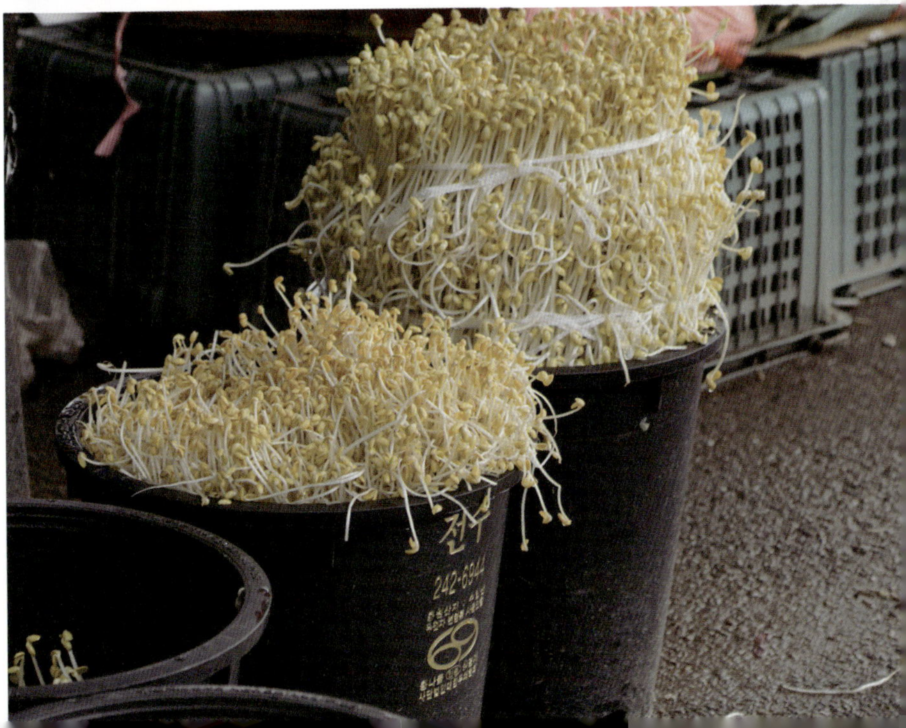

東門文化

선각사, 전북금융조합연합회

　동문거리 왱이콩나물국밥집 앞에 눈에 띄는 건물이 있다. 2층 건물 중앙이 둥그렇게 돌출해 있고 좌우에 세 개씩 큰 창이 난, 오래된 건물이다. 제법 높은 건물처럼 보이지만 층고는 2층으로 건물 끝자락에 굴뚝이 보인다. 분명 서양식 건물인데 '대한불교 조계종 선각사'라는 간판이 눈에 들어온다. 아이러니다. 도심내의 사찰 그 옆에는 '동문원'이란 이름의 식당이 있다.
　돈이 굴러다는 곳에 은행이 있다. 이 건물은 식민지 시절 은행건물이었고 1956년 7월까지는 '금융조합연합회'건물이다. 그 증거로 1층에 커다란 일본식 금고가 있다. 당시 서문에서 동문으로 이르는 길은 금융1번지로 식산은행을 비롯한 금융건물들이 번듯하게 자리하고 있었다. 일본은 내적으로는 농업이민자들의 정착 및 만주 진출을 위해 동양척식주식회사와 더불어 식산은행과 금융조합을 설립한다. 금련은 식산계 은행이었다. 금융조합을 조금 쉽게 말하자. 농협중앙회에 야구단이 있었다. 전단계로 농협은행야구단 그 전에는 금융조합연합회야구단이 있었으니 농협의 전신이라 해도 좋을 듯.

　대지 면적이 570여 평에 건평이 450평이 넘으니 대단히 큰 집이다. 건물내부가 철근 콘크리트 구조로 기둥이 없으니 내부가 넓어 불당으로 쓰기 좋아 선각 스님이 인수했다고 한다. 법당 내 부처님은 아름답고 단청도 화려하다. 주인의 취향을 나타내는 멋진 나무공예도 많다. 초기에는 전북금융조합 건물로 사용되다가 해방 후에는 농협이 사용했고 다시 축협과 농협이 사용했는데 이 건물은 일본인 아베라는 사람에 의해서 1929년에 지어졌다고 한다.

　원래는 붉은 벽돌 건물인데 얼마 전에는 미색이던 건물이 새롭게 갈색으로 칠해졌다. 보성 구벌교금융조합 사무실은 소설『태백산맥』에 나오는데 문화재로 등록되었고, 목포 금융조합연합회 건물은 목포근대역사박물관으로 사용되고 있다. 현 위치는 전주근대역사 박물관으로 제격이 아닌가 싶다.

현재의 선각사와
1930년 전주상가도에서 보이는
금융조합연합회

모자박물관

　경원동 한옥마을 입구 콩나물국밥집 앞에 서면 멸치물 삶는 냄새가 난다. 그 아래 '아시아 최초'라는 '루이엘모자박물관'이 있다. 모던한 유리벽을 가진 건물 문을 열고 들어가면 아래는 모자매장이고 이층은 박물관이다. 아래층에는 정말 아름답다는 말과 함께 값이 비쌀 듯해(실제로 몇 십만 원씩 한다) 써 볼 엄두가나지 않는 모자들이 많다. 우선 모자의 디자인도 아름답지만 조명과 디스플레이들이 일찍이 전주의 어느 백화점에서도 보기 힘든 모습에 촌사람들 기가 죽는다.

　2층으로 오르는 나무계단을 오르면 먼저 영화 속 모자를 걸친 스타들의 사진들이 여러 액자에 담겨있다. 비비안 리에서부터 존 웨인의 서부모자까지. 과거부터 현재에 이르기까지의 전 세계 모자가 한 곳에 모여 있다. 우리나라 모자도 있다. 삼국시대의 화려한 구슬이 달린 금관과 깃털로 만든 조우관, 고려와 조선시대 관료들이 썼던 모자에서부터 양반들이 사용한 갓과 갓집 그리고 평민들이 사용하던 대나무로 만든 삿갓 등도 전시되어 있다.

ⓒ 오충근

　세계모자관에는 베트남의 논, 챙이 넓은 멕시코의 솜브레로, 독일 나치 마크가 든 군모, 영국의 근위병 모자 등 세계 각국의 전통 모자들이 눈을 즐겁게 한다. 2차 세계대전 당시 일본군이 쓰던 전투모도 있는데 소방대원의 방호복이 특별히 눈길을 끈다. 역시 군인들이 사용하던 모자들이 단순하고 세련된 디자인을 보여주는데, 파일로트 헬멧부터 각 나라의 베레모들과 전투모들이 자리한다. 남자들은 한번쯤 머리 위에 얹고 싶어진다.

　눈길을 끄는 것은 기증한 사람들의 이름과 사연이 새겨진 기증관의 모자들이다. 우연히 산 명품 헌팅캡에서부터 장교부부가 쓰던 모자를 보면 잘 보존하고 기증하는 것이 아름다운 약속이란 생각이 든다. 영화 〈친구〉에서 장동건이 손에 쥐고 뛰던, 〈클래식〉에서 조승우가 썼을 법한 검은색 일색의 교복과 교모시대의 상징인 학교 마크가 붙은 학생모들이 20여점 넘게 전시되어 있다. 누구나 집에 한 두 개씩 있던 물건들이다. 그렇다. 우리네 삶은 오래된 물건들을 버리며 살아온 세월이었다. 지금도 늦지 않았다. 어린이들이 쓴 유치원모자부터 오빠의 예비군모자도 오래된 것은 향기로울 수 있는 것이다.

　포토 존에는 얼굴만 걸치면 영화 속 스타녀가 될 수 있게 사진을 찍을 수 있는 코너도 마련되어 있다. 직접 써보며 어울리는 모자를 골라보는 재미도 좋을 터. 그렇다. 의관정제란 버선에서부터 갓을 써야만 의상이 완성되는 것이다. 이곳 3층에는 '나만의 모자 만들기' 체험관이 자리한다. 한지 갓 만들기와 캡 모자 꾸미기 등을 할 수 있는데, 10인 이상 단체에 한해 진행한다.

완동문에서 팔달로까지

전주 민주화의 거리

　　전동 성당은 전주 아니 아시아에서도 아름다운 성당으로 손꼽힌다. 특히 경기전 돌담을 끼고 바라보는 전동성당은 전통과 근대의 기막힌 조화를 이룬다. 비잔틴 양식과 로마네스크 양식이 복합된 이 성당은 프랑스인의 디자인과 메이드 인 차이나 벽돌, 여기에 조선 신자들의 울력이 더해져 1914년 그 외관이 완성된다.

　　전주는 가톨릭의 성지다. 객사와 동헌 말고는 초가지붕들만 그득했을 전주땅에 천주교 박해당시 순교자들의 피를 머릿돌로 한 뾰족탑의 성당은 사이즈도 사이즈려니와 그 아름다움에 적잖은 신자들이 모여들었다. 전동성당은 영화 〈약속〉의 촬영지로 알려져 있지만 사실은 민주화의 성지라 이름할 만하다. 사실 60년대엔 밀가루 신자들도 있었지만 전주 가톨릭은 70~80년대에는 사회변혁에 관심을 쏟았다.

　　전주가톨릭센터는 전통문화의 전당 북쪽 현재국민건강보험공단 뒤쪽에 자리하고 있었다. 전주 젊은이들이 흔히 '센터'라 부르던 이곳은 1960년 11월에 개관식을 갖는다. 당시에는 가장 높은 4층 200여평 규

모의 센터는 전주 시민들의 생활문화공간이자 전북 민주화운동의 산실 역할을 담당했다는 점에서 그 의의가 크다. 센터는 60년대부터 학술행사·문학강연을 비롯해서 음악감상회와 정당집회, 결혼식까지 다양한 행사가 줄을 이어 항상 사람들이 들고 나는 명소였다.

유신의 엄혹한 시절, 1974년 7월 23일 전주 중앙성당에서 신부 30여 명, 수녀 40여 명, 평신도 1,000명이 참석한 가운데 '지학순 주교와 사회정의 구현을 위한 특별미사와 철야기도회'를 개최한다. 10월 29일 센터에서는 신부와 수녀 121명이 참여한 사회정의구현 세미나를 개최하여 언론의 자유를 촉구하는 성명을 발표하고 침묵행진을 벌인다. 11월 11일에는 신부와 수녀, 신도 400여 명이 전동성당에서 인권회복을 위한 기도회를 열어 촛불미사를 올리며 정권에 항의를 계속한다. 공포의 시대에 센터만이 할 수 있는 일이었다.

긴급조치가 계속되던 1975년부터 가톨릭과 기독교가 공동으로 센터에서 한 달에 2차례 '양심수와 민주화를 위한 월요기도회'를 개최하면서 이를 중심으로 신·구교의 연대가 깊어진다. 더구나 1976년 가톨릭다방이 문을 열면서부터는 각종 시민사회단체들의 예비모임 장소로 이용되곤 했었다. 당시 해성고등학교 종교감이 바로 문정현 신부였으니…

1975년 인혁당 관련자 사형집행과 주검탈취에 몸을 던져 항의를 시작으로 대추리와 강정마을 등 시위현장에서 육탄공격을 마다않는 문정현 신부와, 89년 방북한 임수경 씨를 보호하기 위해 북한으로 들어간 뒤 기꺼이 감옥을 택한 문규현 신부의 나와바리가 바로 전주교구다.

1978년, 전주에서 열린 최초의 가두시위

긴급조치 9호에 저항하는 민주화운동으로 이미 문정현 신부와 강희남 목사가 구속되었다. 그렇지만 농민운동은 가톨릭농민회를 중심으로 '쌀생산비 조사' 사업을 통해 많은 농민들이 조직적으로 참여한다.

유신독재가 막판으로 굴러가던 시절인 1978년 8월16일 저녁7시 전주 한복판 팔달로에는 대규모 가두시위가 발생한다. 기독교장로회의 청년조직인 기장청년연합회가 젊음의 거리와 엔시웨이브 중간에 위치한 중앙교회에서 구속자를 위한 인권기도회를 개최한다. 후에 청년들은 전동성당 사거리에 도착 '유신헌법 철폐하라', '긴급조치 해제하라', '박정희는 물러나라', '양심수를 석방하라'는 구호를 외친다. 팔달로 가두를 스크럼을 짜고 행진하게 되는 이 사건은 매우 큰 파장을 일으켰다.

전교조의 시발점인 와이YMCA 전북교사회의 창립도 이곳 센터에서 진행되었다. 2007년 카톨릭센터는 남노송동 옛 전주공전자리로 이전했다. 군화발에 저항하던 전주시민들의 집회장소인 팔달로는 중앙성당과 전동성당을 가로지른다. 그 가운데 있던 가톨릭센터를 잇던 길을 '민주화의 길'이라 불러야 할 것이다.

완동문에서 팔달로까지

옥터와 왕버들 한 그루

　전주부성의 동북쪽에 전주 옥獄이 있었다. 이 동네는 습지여서 민가가 없었다 하니 옥터로는 딱이었을 것이다. 현 전주시청에서 현무2길을 따라 5분 정도 걸으면 그 자리다. 여기 커다란 건물이 들어섰다. 전통과 현대가 어우러진 '한국전통문화전당'이다. 전당이란 이름답게 넓은 공간에 들어선 건물은 화려하다. 오래전 자혜의원에 이어 전북대병원이 있던 자리에서 문화로 한국의 가치와 품격을 실현하자는 마음으로 건립한 소위 센터다. 관광객들이 즐기고 체험하는 공간으로 바로 옆에는 한지산업지원센터가 있고 유네스코 음식창의도시를 알리는 커다란 비석이 서 있다.

　전주 사람들도 잘 몰랐던 이곳은 순교지다. 전주 숲정이 성지는 전국 천주교 신자들의 순례코스인데 최근 전주교구는 전당 입구에 옥터와 복자들에 대한 설명을 담은 표지석을 세웠다. 이곳이 천주교 신앙의 선조들을 잡아 가둔 곳이라는 것을 알려주는 표지석이 생기면서 순례자들의 발길이 이어지고 있다.

전라도는 천주교 신자가 많았다. 정조가 승하하고 정순왕후의 수렴청정이 시작되면서 남인세력을 제거하는 과정에서 상상을 초월하는 천주교박해의 막이 오른다. 1801년 신유박해 때, 동정부부인 유중철(요한) 이순이(루갈다)가 여기 옥터로 끌려와 옥중 교살된다. 중국인 주문모 신부의 주선으로 결혼 후 4년 동안 동정부부로 지냈던 이들은 천주교 신앙의 오래고 자랑스런 귀감이다. 전동성당 보두네 주임신부는 1914년 동정부부와 그 가족의 유해를 전주 주산인 중바위산 높은 곳에 모신다. 그로부터 전주 사람들은 중바위라는 이름 대신 이 산을 '치명자산'이라 부르게 된다.

  1827년 정해박해 때는 240여 명이 넘는 천주교인들이 감금되었으니 옥이 좁았다. 한마디로 시국사범인 천주교도들은 엄혹한 문초를 받는다. 이때 이순이(루갈다)의 동생 이경언(바오로)도 이곳에서 개와 늑대의 시간을 보내면서 35세의 나이로 옥사한다. "상처의 괴로움으로 말하자면, 연약한 육체만으로는 그것을 이겨낼 수 없습니다. 천주의 은총과 성모의 도우심이 아니라면 어찌 한시인들 이를 이겨낼 수 있겠습니까?" 라는 말을 남긴 그는 옥 밖에서 순라꾼의 딱딱이 소리를 들었을까?

  끝이 아니었다. 1839년 기해박해 때도 여러 신자들이 순교하는데, 한국 천주교 순교 역사상 최연소 순교자 이봉금(아나스타시아)의 교수형이 집행된 자리이기도 하다. "오늘 천주님을 배반하고 욕을 하라고 하시어도 그렇게 할 수 없어요. 천 번 죽어도 그렇게는 못하겠어요." 라는 말을 남긴 이때 이봉금은 만12세를 넘지 못하였다.

완동문에서 팔달로까지

2014년 8월에 방한한 프란치스코 교황은 8월 16일 광화문 광장에서 시복식을 거행해서 전주옥과 그 주위에서 순교한 분들을 복자의 반열에 올린다. 이 순교터들은 순교자들이 의연히 칼을 받아 피가 마르지 않은 곳이자, 천주를 향한 기도가 끊이지 않던 자리다.

여기 성의 북쪽 코너에 외로이 키가 큰 버드나무 한 그루가 서 있다. 과거 기린봉에서 자만동으로 이어지던 물길이 있었다는 증거다. 금암동에 이른 물길은 복개되어 도로로 사용되는데 언젠가 그 물길을 복원하는 날이 있을 것이다.

지독한 한지

저 옛날에는 목간木簡이나 비단에다 중요한 글을 썼다. 목간은 무겁고 비단은 재정적 압박을 가져온다. 그래서 닥나무의 껍질을 벗겨 만든 종이를 사용했다. '지천년 견오백紙天年 絹五百'란 말이 있다. 종이는 천년이고 비단은 오백년을 간다는 표현이 아니던가? 한지는 질기다. 촉감이 부드럽다. 나무처럼 결이 있어 쉽게 찢어지지도 않는다. A4와 프린터의 시대에 살지만 한지를 제일 잘 만드는 곳이 전주다.

컴퓨터와 CD가 종이를 대체한다고, 종이는 사라진다고 떠들던 시절이 있었다. 양지가 가볍다고 했으나 양지로 만든 책들은 100년도 안 되어 누렇게 색이 바래고 가루가 되어 부서져 내린다. 그런데 전주 사람들이 보관한 조선왕조실록은 가끔 바람만 쏘여주면 정말로 천년을 간단다. 그 뿐인가? 이응노, 송성용, 황욱 같은 뛰어난 화가나 서예가가 전주에서 함께 한 이유 중의 하나는 질 좋은 한지가 있기 때문은 아닐까?

서화와 종이산업이 무관할 수 있겠는가? 종이 산업은 학문의 인프라다. 종이를 소비할 만한 계층과 지식기반이 있어야 가능한 산업이다.

전주가 세계최고의 한지를 생산했다는 것은 그만큼 학문적 깊이와 수준이 높았다는 것. 목판인쇄의 중심인 완판본이 그 증거다. 생활용으로 만든 부채는 말해 무삼하리오?

   종이는 우리 삶의 일부였다. 통기성과 보온성이 좋으니 창호지로도 사용한다. 가을 햇볕이 쨍쨍할 때 창호지를 바른 문은 벽이면서 빛이 들어오는 창이니 어찌 아름답지 아니한가? 엄동설한 설한풍을 대비하는 방식이 한갓 종이라니. 그리고 신혼첫날밤에 구멍을 뚫어 엿보는 그 창을 종이로 만들다니… 또 비닐장판 이전에 주로 사용했던 한지장판

에 콩기름을 바르는 삶의 지혜도 돋보이는 부분이다.

'지독'하다는 말이 있다. 천년 가는 한지로 그릇을 만드니 그것이 바로 지독紙櫝이다. 그래서 한지는 벽지부터 함 같은 공예품 등을 만들 수 있다. 한국 영화의 거장 임권택 감독의 101번째 영화 〈달빛 길어올리기〉는 천년 한지를 만들기 위해 노력하는 사람들의 모습을 담아낸 영화로 예지원은 한지공예가로 출연했다.

한지산업지원센터

전주는 한지와 부채의 고장이고, 요즘말로 출판단지였다. 부채와 한지, 완판본 소설과 판소리는 한 밥상에 차려진 콤보 세트 메뉴였다. 그리고 최고 한지는 외교문서에 사용되었다고 『세종실록지리지』에도 나와 있다. 그래서 동문사거리에서 관통로 길 건너 전북대평생교육원을 끼고 돌면 가맥거리 곁에 한지지원센터가 있다. 상품전시실과 홍보관이 있지만 체험관에서는 한지를 직접 만들고 한지로 공예품을 만들 수 있는 체험공간이 있다. 외국인들이 엄청 좋아한다.

글쎄, 한지로 의복을 만들 수 있을까? 보자. 일단 한지를 얇게 뜬다. 그리고 이 실을 꼬아서 만든 한지사를 이용해서 양말, 속옷, 티셔츠, 넥타이 그리고 한복까지 만들 수 있다. 손으로 만져보면 너무 부드럽지도 않고 너무 빳빳하지도 않은 약간의 까칠함이 느껴지는데 면과 모시의 중간 느낌이 바로 한지사 제품의 특징인 것.

　　이곳 센터에서는 한지 색종이 접기와 같은 무료체험부터 연필꽂이, 가면, 제기, 팽이 만들기 등은 기본이고 한지 꽃거울, 조각보 접시, 한지액자, 다용도 트레이 만들기 등을 진행하고 있단다. 의문 하나? 말 그대로 지갑紙甲은 왜 안 만드는 걸까?

전주 깊이 알기

전주시 팔복동에는 전주페이퍼공장이 있다. 한지생산을 하는 공장은 아니고 나무를 원료로 한 펄프 생산공장이지만 여기 한지박물관이 있다.

風流全州

VII

이 어찌 좋지 아니한가

전주 全州

김사인

자전거를 끌고

여름 저녁 천변 길을 슬슬 걷는 것은

다소 상쾌한 일

둑방 끝 화순집 앞에 닿으면

찌부둥한 생각들 다 내려놓고

오모가리탕에 소주 한 홉쯤은 해야 하리

그러나 슬쩍 피해가고 싶다 오늘은

물가에 내려가 버들치나 찾아보다가

취한 척 부러 비틀거리며 돌아간다

썩 좋다

저녁빛에 자글거리는 버드나무 잎새들

풀어헤친 앞자락으로 다가드는 매끄러운 바람

(이런 호사를!)

발바닥은 땅에 차악 붙는다

어깨도 허리도 기분이 좋은지 건들거린다

배도 든든하고 편하다

뒷골목 그늘 너머로 오종종한 나날들이 어찌 없겠는가 그러나

이
어
찌
좋
지
아
니
한
가

그러나 여기는 전주천변

늦여름, 바람도 물도 맑찮고

길은 자전거를 끌고 가는 버드나무 길

이런 저녁

북극성에 사는 친구 하나쯤

배가 딴딴한 당나귀를 눌러타고 놀러 오지 않을라

그러면 나는 국일집 지나 황금슈퍼 앞쯤에서 그이를 마중하는 거지

그는 나귀를 타고 나는 바퀴가 자글자글 소리내며 구르는 자전거를 끌고

껄껄껄껄껄껄 웃으며 교동 언덕 대청 넓은 내 집으로

함께 오르는 거지

바람 좋은 저녁

전주全州

정윤천

風流全州

이름만으로 전주인 도시는 이 세상 어디에도 없어

너는 여기 와서 좀 아무렇게나 걸어도 된다

막상 길을 잃어도 된다 그래봤자 전주全州

백 년이 흘러도 이 거리의 저녁 무렵은 끈덕지고

아스레한 술 향기에 젖어 저물어 갈 것이니

거기서는 좀 비틀거려도 된다

가뭄에도 콩나물을 기르는 마음 같이

지금도 지붕 낮은 골방 한쪽에 배를 깔고 엎드려

시를 쓰며 지낼것 같은

몇몇의 키 작은 사내들을 불러내도 된다

오래된 창호지 닮은 옛사랑의 기억 몇 페이지쯤을

함께 펄럭거려 보아도 괜찮을 것이어서

퇴임하고 돌아온 별정직 같은 표정이 되어

가슴에 간직한 뼈아픔 한 대목은 되나캐나 건네버려도 된다

전 주全州

무슨 실없는 양아치들의 허망한 허세라거나 삐까번쩍의 내일을 위해

금칠 단장의 마차에 기대어 오지 않아도 된다

그 보다는 더욱 온전한 말로 뼈를 세운

전 주全州

전주유람타령

문신

이 어찌 좋지 아니한가

풍남문을 휘휘돌아 전동성당 둘러보고
경기전에 말을내려 태조어진 알현한후
은행로를 갈아타고 동쪽으로 훌쩍뛰어
전주향교 강독소리 선현들께 배향허고
한벽당에 올라앉아 어허어허 소리한 후
오목대며 이목대며 고루고루 살펴본 뒤
승암산에 허위올라 동정부부 뜻따를까
동고산성 끝자락에 수자리나 얻어살까
견훤대왕 배알허고 남쪽으로 내리닫아
휘유후우 깔딱깔딱 가쁜숨을 토해낸 후
남고산성 수문장과 단판씨름 겨룬후에
막걸리 한사발을 끄르르륵 들이킨 후
전주객사 풍패지향 일필휘지 써내리고
객사마루 등을대고 신선처럼 잠이들면
덕진연못 그네뛰다 운교넘어 승천하여
기린봉 상상두에서 천년고도 내려보네

전주막걸리가

신귀백

(아니리)

예로부터 전라도 따흔 인심 좋고 물맛 좋기로 소문난 곳인디,
기중 전주가 어찌 으뜸 아니겄는가? 꽃심땅 맑은 물이 솜씨 좋은 주모를
만나 누룩에 쌀이 어울어져 전주 막걸리가 되었것다. 그러니 이 광대 그
맛난 역사를 어찌 아니 이를쏘냐? 오날날 교동이라 이르는 자만동 맑은
물로 막걸리를 맹그는디, 맹글어도 꼭 이렇게 허던 것이었다.

(중모리)

백설보다 고운 햅쌀 한 말 두 말 물에 부서
시 번 니 번 씻고 난 뒤 열두 시간 불리난다
물기 쪽 뺀 연후에난 삼베천에 담고서리
짐으로만 폭폭쪄서 꼬두밥을 짓는구나
지나가던 아해 하나 꼬신 냄새 맡았던지
실금실금 깐치발로 부신햇밥 훔칠적으

"아야 이놈아, 술 한 잔 거저 마른다."
꼬두밥을 채에 담고 바람솔솔 식힌후으
누룩으 버무리는디 고 누룩이 기가 막혀

연꽃 같은 발꿈치로 자근자근 디딘 끝에
한옥마을 골방속으 누룩꽃을 피웠더라
전주천 내린 바람 맑은 기운 담았는가
살랑살랑 고운 기운 누룩속속 스몄더라

잘게 부신 누룩에다 고슬고슬 고두밥을
참숯다린 항아리에 자분자분 담는구나
차고 맑은 물 한 대접 지성으로 떠다 붓고
하로 이틀 사흘나흘 보름날이 가까울 적
보글보글 오글오글 자글자글 익난 소리
두근두근 울렁울렁 입안 가득 침고이네

웃술 걸러 청주하고 아랫술은 약주인디
용수박아 막거르면 요놈이 막걸리라
술빛깔이 탁허다고 탁배기라 부르난 놈
모심다가 마신다고 농주라 이르난 놈
이름이사 어찌됐든 고운 향기 입에 가득
홀짝홀짝 달콤한 술 벌컥벌컥 배부른 술

(아니리)

새 술 익어 걸렀으니 어디 냄새만 맡고 있을 놈이 누가 어디 있것느냐?
전주주모 눈치 알고 술상 갖춰 안주 채려 내오는디, 전주십미 육해공군

주모손을 거친후엔 하나같이 산해진미던가 보더라. 입이 근질근질 목이 벌렁벌렁허신 지나가는 과객님들 머뭇머뭇 주볏주볏 허들말고 주효한번 드셔보시는디

(휘모리)

한 잔 술으 입가심은 야채과일 홍동백서, 두릅에 더덕이요 당근에 마늘쫑, 풋고추에 오이 토막, 고구마에 배추 뿌리, 파전에 부침개요, 시원허다 아욱국이라.
두잔 술으 해군 안주 굴한접시 다슬기, 소라고둥 꼬막무침 희희낙락 꼴두기회, (아따, 이건 인자 시작이여.) 나근나근 키조개에 보들보들 문어살, 아구찜에 굴비요 거그다 불끈불끈 해삼이라, 새우구이 군꽁치를 날름날름 덥석덥석 자시는디. 애고 숨차라. 은근슬쩍 광어회, 고사리 넌 매운탕에 어절씨구 쭈꾸미, 삼합으 홍어로 끝나는가 힛더니, 오매 시상으, 덥석덥석 꽃게장, 꿈틀꿈틀 산낙지에 자그마한 활전복도 올라오니 상우엔 나이타 하나 놀 자리가 없던 것이더라.

(아니리)

이것으로 끝난다면 이 광대가 어찌 주효가를 허것느냐, 쪼까 더 들어보시라.

(휘모리)

육군이라 놀겠느냐? 육회에 편육, 수육에 족발 정도로 명함 내밀기는 그

렇고, 공군이 잡아온 쩍 벌리고 누운 백숙, 옻닭으로 끝을 보는디, 치즈에 햄버거 빼고는 돌고 돌아 상을 채우니, 아, 끝이 없던 것이니, 삼군통제사가 바로 전주 주모 아니던가 허는 말이드라.

(중모리)

소주 맥주, 섞어붙면 비틀비틀 휘청휘청
와인 양주, 붓고나서 전전긍긍 욱신욱신
오십세주 폭탄주에 지끈지끈 휘청휘청
병에든 화학 술에 속 베리던 술꾼님들
막걸리에 푸진 안주 싱글싱글 흥얼흥얼
막걸리로 전향허는 양반님들 늘어가네.

(아니리)

술과 안주 그 사이에 이야기와 흥이 엮어지니 요즘 말로 통섭이 따로 없던 것이더라. 깨고나면 스트레스가 스레트로 층층히 쌓이는 양반님들! 헬스클럽 사우나에 별짓을 다 히바도 어찌 속이 개운할까마는, 이 자리서 전주막걸리를 자시는 어화 우리 벗님네들 이 광대 오늘 마지막 뽀나스를 드리나니, 그거시 무엇이냐? 낼 아침이면 변소간서 알게 될것이로되, 전주막걸리를 자시고 나면 반짝반짝 윤이 나는 황금똥을 눈단 말이시, 그 뒤엔 누가 알랴, 더질더질.

전주부성 시간여행을 마치며

전주의 존귀성을 드러내되 품위 있게

전체가 눈에 확 안 들어오면 우리는 부분을 살핀다. 한국의 전통을 갖추고 있는 도시를 살피는데, 어디가 좋을까? 전주다.

도시는 단지 건물과 도로, 하천 등 외적인 인프라만으로 이루어지지 않는다. 결국은 문화다. 그 문화를 찾고 전주라는 기호를 완성하고자 긴 시간의 발품이 필요했다. 전주부성 옛길을 따라 원도심 일대에 산재된 역사, 인문, 문화, 음식과 삶의 콘텐츠를 들여다보는 작업은 즐거운 일이었다. 전주 사대문 안을 깊게 들여다보는데, 한옥마을은 부성 밖에 위치한 데다 너무 많이 알려졌기에 쏙 뺐다. 그러다 보니 현재의 자연스러운 연결을 성곽의 안과 밖의 분리로 나뉜 감이 없지 않다.

우리는 공간의 블루오션에 대한 열정으로 일했다. 역사적 전통공간을 기반으로 문화공간과 주거공간, 체험공간을 염두에 두고 이야기를 모았다. 슈퍼블록이 아닌 짧은 블록 사이사이에 여러 골목이 있었고 모퉁이와 골목은 삶과 이야기를 내포하고 있었다.

전주는 다양성이 자연스럽게 뒤섞인 동네였다. 전통의 자리 곁에 영화관과 비보이가 함께 하니, 활기가 있는 도시다. 골목길을 따라 현제 명과 이응노, 허산옥과 손상기, 박봉우와 김용택의 이야기를 들었다. 중앙초등학교와 풍남초등학교의 라이벌 관계 속 빛나는 야구우정이 있었다. 경기여관 주위 영화배우와 피란민들의 이야기는 시간의 때와 함께 스타가 이야기를 만들고 기층민중이 뒷받침하는 즐거운 모델이었다.

스토리텔링이 곧 스토리셀링으로 전환되는 것을 고수들은 알고 있다. 여기 내보이는 부성의 이야기들은 카메라와 스마트폰을 통해 곧장 소셜미디어의 콘텐츠로 회자되어 갈 것이다. 외형은 단아하고 마음이 비어야 제대로 보이고 제대로 들린다. 그러니 색칠과 번쩍이는 것을 더 붙이지는 말자. 옛것만 자랑하는 도시가 아니라 현재를 가꿔가는 문화적인 정체성을 어떻게 만들 것이냐가 과제다. 영화로 말하면 장르영화에 머무르고 말 것인가 아니면 우리의 삶에 다가가는 영화를 만들 것인가에 대한 철학적 검토와 실천이 필요하다. 전주 사람의 정체성과 자존심을 함께 가져가기 위해서 성장주의적 지향보다는 사람 사는, 사람이 살 만한 동네를 만들어야 사람들이 찾아 올 것이다. 복원? 필요하다. 지원, 중요하다. 문제는 고유성을 표출하면서 공동체주의로 진화하려는 철학이 더 필요한 것이다.

우리가 찾아낸 이야기는 전주부성이라는 장소에 내재된 시간과 사람들의 기억으로 집중되었다. 전주의 존귀성을 보여주되 함부로 팔지 말자. 그래야 장기기억으로 저장된다. 품격 있는 전주의 자존심을 홍보하기 위한 콘텐츠의 활용과 관광자원화 방안에 대한 제언은 별도의 공간과 기회로 미룬다.

    관광객들은 이 도시와 비교하고 저 상품을 두고 가성비를 따진다. 우리의 작업으로 하여 전주에 오시는 관광객들이 자동차를 포기하고 다이어트를 포기하는 성품을 발휘하기를 바란다. 늦게 일어나 천천히 걷고 해찰하시라. 그래서 전주의 시간들이 유연하고 온유한 마음을 갖는 기회가 되면 기쁘겠다.

    정보의 폭을 넓히는 데 사진이 갖는 힘은 실로 크다. 귀한 자료의 제공으로 한층 깊이까지 더해준 전북도청, 전주역사박물관, 전주영상위원회, 동국사 종걸스님께 깊은 감사를 드린다.

이번 여행에 도움을 준 자료

「전주지도」, 규장각, 18세기경.

「전주지도」, 규장각, 1872년경.

「전주지도」, 국립전주박물관, 1870년경.

「전주지도」, 전북대박물관, 1840년경.

「완산지」, 1796~1800.

「완산지」, 1958.

「호남읍지」, 1790년대.

「호남읍지」, 1871.

「전주부사」, 1943.

「전주시사」, 1986.

「전주시사」, 1997.

『옛 사진 속의 전북(1894-1945)』, 국립전주박물관, 1989.

『예향의 도시, 문학을 말하다』, 대구문화재단, 2013.

『전북의 재발견, 영화』, 전라북도, 2011

『전북의 재발견, 얼』, 전라북도, 2013.

『전북민주화운동사』, 전북민주화운동사 편찬위원회, 2012.

『전주 100년 풍물사진집』, (사)전주풍남제전위원회, 2001.

『전주 근대생활조명, 100년-일제 식민시대 구술실록(1907-1945)』, 전주문화재단, 2007.

『전주 근대생활조명, 100년-전주의 8·15 해방과 6·25 전쟁(1945~1960)』, 전주문화재단, 2008.
「전북문화저널」 1991년 1월호
『전주 서문교회 100년사』, 쿰란출판사, 1999.

김대갑, 『영화처럼 재미있는 부산』, 산지니, 2006.
김두규, 「전주의 산세와 풍수지리」, 『전주의 역사와 문화』, 전북전통문화연구소, 2000.
김민철, 『전주한옥마을과 생활문화』, 글누림, 2007.
김사인, 『가만히 좋아하는』, 창비, 2006.
박래부, 『화가 손상기 평전』, 중앙M&B, 2000.
송화섭 외, 『전북전통문화론』, 글누림, 2009.
원도연, 「도시의 이미지와 지역정체성: 전주-과거에서 미래로」, 『전주의 문화정체성』, 신아출판사, 2004.
유창규, 「이성계의 군사적 기반 -동북면을 중심으로-」, 진단학보 58, 1984.
이경택, 『숨은 골목 즐기기』, 성하출판, 2004.
이동희, 「나라와 역사를 지킨 우국충절」, 『전북의 역사와 문화』, 서경문화사, 1999.
이동희, 「전주의 역사문화적 특질과 과제」, 『동학농민혁명과 전주』, 전주역사박물관 개관기념학술대회발표문, 2002.
이동희, 「고지도로 본 조선후기 전주부성과 전라감영」, 전북사학 26, 2003.

이동희, 「조선왕조의 발상지로서 전주의 문화유산과 정신」, 『전주의 문화정체성』, 신아출판사, 2004.

이동희, 「전주 한지의 역사와 위상」, 『전주한지의 역사성과 발전방안』, 전주종이문화축제 학술대회 발표문, 2004.

이이화, 『인물로 읽는 한국사5』, 김영사, 2008.

이진영, 「동학농민혁명과 전주」, 『전주의 역사와 문화』, 전북전통문화연구소, 2000.

이철수, 『전주야사』, 전주시관광협회, 1967.

이철수, 『완산승경』, 전북청년회의소, 1971.

이태영, 「개화기시대의 출판문화를 통해서 본 전주시민의 정신」, 『전주의 문화정체성』, 신아출판사, 2004.

장명수, 『성곽발달과 도시계획연구 - 전주부성을 중심으로』, 학연문화사. 1994.

조병희, 『완산고을의 맥박』, 한국예총 전주지부, 1994.

조시돈 외, 『전북영화사』, 신아출판사. 2006

주강현 외, 『전주음식의 DNA와 한브랜드화 전략』, 민속원, 2009.

주종재, 「전주비빔밥과 콩나물국밥」, 『전주의 역사와 문화』, 전북전통문화연구소, 2000.

최기우 외, 『전주 느리게 걷기』, 전주국제영화제, 페이퍼북. 2012

최동현, 「조선조 후기 전주와 소리」, 『전주의 문화정체성』, 신아출판사, 2004.

한필원, 『오래된 도시의 골목길을 걷다』, 휴머니스트, 2012.

허흥식, 「고려말 이성계(1335~1408) 세력기반」, 『고병익회갑기념논총 역사와 인간의 대응』, 1984.

홍성덕, 「임진정유왜란과 전주」, 『전주의 역사와 문화』, 전북전통문화연구소, 2000.

池内宏, 「李朝の四祖の傳說と其の構成」, 東洋學報 5, 1915.

전주영상위원회, www.jjfc.or.kr

전주국제영화제, www.jiff.or.kr

나무위키, www.namu.wiki

이응노미술관, ungnolee.daejeon.go.kr

한국영상자료원, www.koreafilm.or.kr

화가 손상기 기념 사업회, www.sonsangki.com

전주부성 옛길의 기억
전주편애

1판 1쇄 펴낸날 2016년 4월 30일
1판 2쇄 펴낸날 2017년 5월 30일

기획 사단법인 전북전통문화연구소
지은이 신귀백, 김경미
사진 조영호, 김흥수, 서정훈, 오충근

펴낸이 서채윤 펴낸곳 채륜서
책만듦이 김미정 책꾸밈이 이현진

등록 2011년 9월 5일(제2011-43호)
주소 서울시 광진구 자양로 214, 2층(구의동)
대표전화 02-465-4650 팩스 02-6080-0707
E-mail book@chaeryun.com Homepage www.chaeryun.com

ⓒ 신귀백·김경미. 2016
ⓒ 채륜서. 2016. published in Korea

책값은 뒤표지에 있습니다.
ISBN 979-11-85401-12-6 03980

잘못된 책은 바꾸어 드립니다.
저작권자와 출판사의 허락 없이 책의 전부 또는 일부 내용을 사용할 수 없습니다.
저작권자와 합의하여 인지를 붙이지 않습니다.

채륜서(인문), 앤길(사회), 띠움(예술)은 채륜(학술)에 뿌리를 두고 자란 가지입니다.
물과 햇빛이 되어주시면 편하게 쉴 수 있는 그늘을 만들어 드리겠습니다.